北大版 汉语学习工具书系列

王海峰 薛晶晶 王景璞 编著

现代汉语离合词学习词典

A LEARNER'S DICTIONARY OF CHINESE SEPARABLE VERBS

北京大学出版社
PEKING UNIVERSITY PRESS

图书在版编目（CIP）数据

现代汉语离合词学习词典/王海峰，薛晶晶，王景璞编著. —北京：北京大学出版社，2013.2
（北大版汉语学习工具书系列）
ISBN 978-7-301-23003-9

Ⅰ. ①现… Ⅱ. ①王… ②薛… ③王… Ⅲ. ①现代汉语－构词法－词典 Ⅳ. ①H195.4-61

中国版本图书馆 CIP 数据核字（2013）第 182962 号

书　　　名：现代汉语离合词学习词典
著作责任者：王海峰　薛晶晶　王景璞　编著
责 任 编 辑：宋立文
标 准 书 号：ISBN 978-7-301-23003-9/H·3358
出 版 发 行：北京大学出版社
地　　　址：北京市海淀区成府路 205 号　100871
网　　　址：http://www.pup.cn　新浪官方微博：@北京大学出版社
电 子 信 箱：zpup@pup.cn
电　　　话：邮购部 62752015　发行部 62750672　编辑部 62752028
　　　　　　出版部 62754962
印 刷 者：三河市博文印刷厂
经 销 者：新华书店
　　　　　730 毫米×980 毫米　16 开本　16.5 印张　270 千字
　　　　　2013 年 2 月第 1 版　2013 年 2 月第 1 次印刷
定　　　价：39.00 元

未经许可，不得以任何方式复制或抄袭本书之部分或全部内容。
版权所有，侵权必究
举报电话：(010) 62752024　电子信箱：fd@pup.pku.edu.cn

编写说明 notes

离合词是汉语词汇中比较特殊的一类，是汉语学习者的习得难点，也是对外汉语教学中的重点。本词典既可以作为学习汉语的外国人学习离合词的工具书，也可作为汉语教师离合词教学的参考书。

本词典的编写严格以语料库（北京大学汉语语言学研究中心语料库，也叫CCL语料库，约1.5亿字）为依据，对《汉语水平词汇与汉字等级大纲》（国家汉办，1992）中常见的210个核心离合词进行详尽检索，得出每个离合词的离析形式、每种离析形式出现的比例，然后按照每种离析形式出现比例大小以表格的形式将其清晰地呈现出来，所用例句也以真实语料为基础。

本词典条目按音序排列，每个音节按四声先后排列。

每个条目的体例为：先给离合词注音，后中、英文释义，并给出该离合词聚合形式的例句，然后按照在语料库中的出现情况呈现该离合词的离析形式、所占比例以及相应离析形式的例句，如：

A 001 安心	ān//xīn 心情安定，不用担心、忧虑（set sb.'s heart at rest）：你~上学吧，不用老想着家里的事。	
离析形式	所占比例	例 句
安＋了＋心	★★★	◇玛丽说我听力考试得了八十分，我这才**安了心**。 ◇妈妈的安慰让我稍稍**安了心**。 ◇儿子平安到达的电话使妈妈**安了心**。 ◇手术顺利做完了，张明稍稍觉得**安了心**。 ◇奶奶看到大家都没受伤，总算是**安了心**。

1

离析形式	所占比例	例句
安＋补＋心 安下心	☆	◇你**安下心**好好学习吧，不要担心钱的事情。 ◇你**安下心**看病吧，其他的事情我来做。
安得下/不下心		√孩子才十三岁，一个人到那么远的地方读书，你叫我怎么**安得下心**？ √你在旁边看电影，弄得我**安不下心**学习，我看你还是到客厅看吧！
安＋过＋心	○	√自从孩子离开了家，妈妈就没有**安过心**。 √两个孩子常常生病，从来没让妈妈**安过心**。

说明：

（1）本词典每个条目均用汉语拼音注音并标调，轻声不标调号，两个音节之间用"//"隔开。

（2）各条目释义只选取基本、常用的义项，同一词形不同义项意义差别较大的分为两个条目。

（3）"所占比例"为该离析形式在 CCL 语料库中出现次数与该词的所有离析形式在 CCL 语料库中出现次数的比例。比例用星号标识，"★"表示该词离析形式出现频率高，"☆"表示该词离析形式出现频率低。"★"越多表示出现频率越高。对于 CCL 语料库中未出现而能在其他网络文字中搜索到或者编者根据语感判断应有的离析形式列于表格尾部，所占比例用"○"标注。

（4）离析形式的顺序设置也以所占比例为依据，比例高的先出现，比例低的后出现。

（5）每个离析形式在表格第三列对应位置设置例句。例句的选用以 CCL 语料库中的用例为基础，尽量采用原句。一些难词、难句在保留原意的基础上加以改造，力求忠于原语境。例句前标"◇"的，前面对应的离析形式为在 CCL 语料库中出现的，例句多为 CCL 语料库中的句子，或稍加改造；例句前标"√"的，前面对应的离析形式为没有在 CCL 语料库中出现的，例句从其他网络文字中选取或为编者自造。

略语及符号说明
abbreviations and signs

名	名词/名词短语	noun/noun phrase
动	动词/动词短语	verb/verb phrase
形	形容词/形容词短语	adjective/adjective phrase
数	数词	numeral
量	量词	measure word
代	代词	pronoun
补	补语	complement
★	该形式出现量大	large amount of the appearance
☆	该形式出现量小	small amount of the appearance
○	CCL语料库中未出现	no appearance in the CCL
◇	CCL语料库中的例句	the examples in the CCL
√	非CCL语料库中的例句	not the examples in the CCL

目录 contents

A
安心 …… 1

B
把关 …… 2
罢工 …… 3
拜年 …… 4
办公 …… 6
办学 …… 7
帮忙 …… 7
保密 …… 11
报到 …… 12
报名 …… 12
报销 …… 13
闭幕 …… 13
毕业 …… 14
贬值 …… 15

C
参军 …… 16
操心 …… 17
插嘴 …… 20
吵架 …… 21
吵嘴 …… 23
称心 …… 24
成套 …… 24

吃惊 …… 25
吃苦 …… 26
吃亏 …… 31
抽空 …… 34
出差 …… 34
出门 …… 36
出面 …… 38
出名 …… 39
出神 …… 39
出院 …… 40
吹牛 …… 41
辞职 …… 42

D
打架 …… 44
打猎 …… 46
打针 …… 47
带头 …… 48
待业 …… 50
担心 …… 51
当家 …… 52
当面 …… 53
捣蛋 …… 54
捣乱 …… 54
倒霉 …… 55
到期 …… 57
道歉 …… 57

登记	59
登陆	59
定性	60
丢人	60
懂事	62
动身	63
动手	63
读书	65
对头	68

F

发炎	69
翻身	69
防汛	70
防疫	71
放假	71
放手	72
放心	73
放学	75
分红	76
分期	77

G

干杯	78
搞鬼	79
告状	80
鼓掌	82
挂钩	84
挂号	86
拐弯	87

H

害羞	89
狠心	90
化妆	91
怀孕	93
还原	94
灰心	95

J

及格	96
集邮	96
集资	97
加工	98
加油	98
剪彩	99
减产	100
见面	100
讲理[1]	105
讲理[2]	106
交手	106
接班	107
结果	109
结婚	109
敬礼	111
就业	113
就职	113
鞠躬	114
决口	116
绝望	117

K

开刀	118
开工	119
开课	120
开口	121

开幕 …………………… 123	起身 …………………… 155
开学 …………………… 124	请假 …………………… 155
考试 …………………… 125	请客 …………………… 158
旷工 …………………… 126	

L

R

劳驾 …………………… 127	让步 …………………… 160
离婚 …………………… 127	入学 …………………… 161
理发 …………………… 129	

S

聊天儿 ………………… 130	散步 …………………… 162
留神 …………………… 132	伤心 …………………… 163
留意 …………………… 133	上当 …………………… 165

M

	上任 …………………… 168
	上台 …………………… 168
埋头 …………………… 135	上学 …………………… 169
满月 …………………… 136	摄影 …………………… 171
冒险 …………………… 136	伸手[1] ………………… 171

N

	伸手[2] ………………… 172
	升学 …………………… 174
纳闷儿 ………………… 140	生气 …………………… 174
念书 …………………… 140	生效 …………………… 178

P

	失学 …………………… 178
	失业 …………………… 179
排队 …………………… 144	失约 …………………… 180
跑步 …………………… 148	失踪 …………………… 180
配套 …………………… 149	施工 …………………… 181
拼命 …………………… 149	睡觉 …………………… 181
破产 …………………… 151	说情 …………………… 188

Q

	送行 …………………… 189
	算数 …………………… 189
起草 …………………… 152	随便 …………………… 190
起床 …………………… 152	随意 …………………… 190
起哄 …………………… 154	

T

谈天	192
叹气	193
探亲	196
提名	196
提醒	197
跳舞	197
听话	200
投标	201
投产	202
投资	203
退休	205

W

完蛋	206
违法	206
问好	207
握手	208

X

洗澡	212
下台[1]	216
下台[2]	216
献身	217
像样	217
泄气	218
行贿	218
行军	219
宣誓	220

Y

押韵	221
延期	221
要命[1]	222
要命[2]	224
移民	224
迎面	225
用功	225
用心	226
游泳	227
有名	228

Z

遭殃	229
造反	230
增产	230
沾光	231
站岗	233
招手	234
着急	235
照相	237
争气	239
执勤	241
执政	242
致电	242
致富	242
种地	243
住院	244
注册	246
注意	246
作案	247
作文	248
作战	248
做客	249
做主	249
走道儿	250

A

A 001 安心	ān//xīn 心情安定，不用担心、忧虑（set sb.'s heart at rest）：你~上学吧，不用老想着家里的事。		
离析形式	所占比例	例　句	
安＋了＋心	★★★	◇ 玛丽说我听力考试得了八十分，我这才**安了心**。 ◇ 妈妈的安慰让我稍稍**安了心**。 ◇ 儿子平安到达的电话使妈妈**安了心**。 ◇ 手术顺利做完了，张明稍稍觉得**安了心**。 ◇ 奶奶看到大家都没受伤，总算是**安了心**。	
安＋补＋心 安下心	☆	◇ 你**安下心**好好学习吧，不要担心钱的事情。 ◇ 你**安下心**看病吧，其他的事情我来做。	
安得下/不下心		√ 孩子才十三岁，一个人到那么远的地方读书，你叫我怎么**安得下心**？ √ 你在旁边看电影，弄得我**安不下心**学习，我看你还是到客厅看吧！	
安＋过＋心	○	√ 自从孩子离开了家，妈妈就没有**安过心**。 √ 两个孩子常常生病，从来没让妈妈**安过心**。	

B

B 001 把关

bǎ//guān 按照一定的标准进行检查、控制，防止出现差错（guard a pass; check on）：这批货的质量由他负责～。

离析形式	所占比例	例 句
把＋补＋(…)＋关 把＋好＋(…)＋关	★★★	◇食堂一定要把好卫生关。 ◇每一位家长，都要把好家庭教育的关，不要只注重物质条件的提高。
把＋住＋(…)＋关		◇要想走向世界市场，首先，必须把住质量这一关。 ◇为了顾客的安全，必须严格把住食品安全关。
把＋紧＋(…)＋关		◇我们要强化质量意识，严格管理，把紧产品质量关。
把＋宾＋关	★★★	◇该服装厂决定实行工厂、车间、大组、小组四级管理体制，层层把质量关。 ◇要严把食品质量关，防止假冒商品进入市场，危害人民的生活和利益。 ◇在大量生产的同时，也要严把环保关，限制一切可能导致污染的投资项目。
把＋的＋关	☆	◇有些部门只考虑自己的利益，该把的关不认真把。
关…把…	☆	◇有了这些规定，猪肉质量的关就能把住了。

离析形式	所占比例	例　句
把＋过＋关	○	√ 这批产品李工程师已经把过关了，没什么问题。
把＋代＋关 把什么关	○	√ 把什么关啊，他们公司的产品肯定没有质量问题。
把＋把＋关	○	√ 我请朋友们吃饭，顺便让他们看看我的男朋友，给我把把关。 √ 老师，我写了一篇文章，想参加作文比赛，但不知道行不行，您先帮我把把关吧！

B 002 罢工 bà//gōng 为实现某种要求或表示抗议，停止工作（go on strike）：因为要交给公司的钱太多了，出租车司机正在～。

离析形式	所占比例	例　句
罢＋了＋(…)＋工 罢了工	★★★	◇ 由于工资太低，第二天，所有的公共汽车司机都罢了工。 ◇ 这些天全国的煤矿都罢了工，生产全部停止。 ◇ 最近家里的母鸡都"罢了工"，没有下一个蛋。 ◇ 妈妈生气"罢了工"，连着两顿没做饭，全家人都没有饭吃了。
罢＋了＋数量＋工		√ 因为工作时间的问题，这个工厂的工人已经罢了好几次工了。 √ 工人们已经罢了三个月工了，可是问题还没得到彻底解决。

离析形式	所占比例	例句
罢+[补]+工 罢完工	☆	◇你们罢完工赶紧离开工厂，警察马上就到。
罢+[名]/[代]+的+工	☆	◇A：这些人罢谁的工呢？ B：听说是在罢出租车公司的工。
罢+过+(…)+工 罢过工	○	√这台机器特别好使，从来没有"罢过工"。 √你们那里的公交车司机罢过工吗？
罢+过+[数量]+工		√我1988年罢过一次工，这件事我一辈子也忘不了。
罢+着+工	○	√A：这家工厂为什么这么安静？ B：这里的工人正罢着工呢！
罢+的+工	○	√你们是什么时候罢的工？
罢+罢+工	○	√他上班的时候总喜欢偷偷懒，罢罢工什么的。
工…罢…	○	√这工已经罢了好几天了，问题不但没能解决，反而变得更复杂了。

bài//nián 向人祝贺农历新年（pay a New Year call）：春节快到了，我们去给奶奶～吧。

离析形式	所占比例	例句
拜+个+(…)+年 拜个年	★★★	◇我们明天一起去给老师拜个年吧。 ◇张老师，我们来给您拜个年，祝您身体健康。 ◇你一会儿给爸爸打电话拜个年。

离析形式	所占比例	例句
拜+个+形+年		◇ 快到春节了，我先给您**拜个早年**※。 ※拜早年：在过年之前拜年。 ◇ 观众朋友大家好，还有几天就过年了，我给大家先**拜个早年**。 ◇ 我今年春节可能不能去看望您了，就代表全家给您**拜个早年**，祝您身体健康、万事如意。 ◇ 年都过了，还没给您拜年，就给您**拜个晚年**※吧。 ※拜晚年：在过年之后拜年。
拜+形+年 拜早年	★	◇ 我们约好每年腊月二十八去老师家给他**拜早年**。 ◇ 腊月二十九这天，市领导会来工厂给大家**拜早年**。
拜晚年		◇ 初十这天，他一回国就去给王老师**拜晚年**了。
拜大年		◇ 春节到了，吃饺子，**拜大年**※，孩子们都很高兴。 ※拜大年：就是拜年，只是"拜大年"带有更加喜庆的感觉。
拜+了+年	★	◇ 今年春节，领导专门去老王家给他**拜了年**。 ◇ 我给爷爷奶奶**拜了年**，就得到了一个大红包。 ◇ 村长向村民**拜了年**，祝大家越过越幸福。
拜+补+年 拜过年	★	◇ 早上八点，我已经给邻居们**拜过年**了。 ◇ 我们明天给长辈**拜过年**之后，再去哪里呢？

离析形式	所占比例	例句
拜完年		◇ 都正月十五了,还没给亲戚们**拜完年**呢!
拜+数量+年	☆	◇ 长辈、领导,再加上朋友,今年我得**拜七十多个年**呢!
拜+的+年	○	√ 我过年的时候没回家,是打电话给长辈们**拜的年**。
拜+拜+年	○	√ 走走亲戚**拜拜年**,七天的假期很快就过去了。
年…拜…	○	√ 都快过完年了,这年还没有拜完呢!

B 004 办公

bàn // gōng 办理、处理工作上的事(handle official business):银行星期天还~吗?我想去存钱。

离析形式	所占比例	例句
办+补+公 办不了公	★★★	◇ 他们不走,在这里闹得你也**办不了公**。
办不下公		◇ 这么多人,吵得**办不下公**去!
办完公		◇ 他**办完公**回到家已经十二点了。
公…办…	☆	◇ 他不是没**公**可**办**,而是有**公**不**办**。
办+过+公	○	√ 他十年前曾在这里**办过公**。
办+代+公 办什么公	○	√ 公司都快倒闭了,还**办什么公**啊,抓紧时间找新工作吧!

B 005 办学

bàn//xué 成立学校并开展教学（set up new schools; run a school）：他把自己的钱都用来～了。

离析形式	所占比例	例 句
办＋了＋学	★★★	◇ 这些年他做了很多好事，**办了学**，修了路，还给大家建了座桥。
办＋代＋学 办什么学	★★★	◇ 学生都招不到，你还**办什么学**啊？
学…办…	★★★	◇ 我们要支持他把**学办**下去。
办＋过＋学	○	√ 在过去的几年里，他开过工厂，**办过学**，赚了不少钱。

B 006 帮忙

bāng//máng 在别人有困难、有需要的时候给予帮助（help; give a hand）：有什么需要我～的，尽管告诉我。

离析形式	所占比例	例 句
帮＋名/代＋(…)＋忙 帮＋名＋(…)＋忙	★★★	◇ 他这个人很热心，经常**帮**同学**的忙**。 ◇ **帮**朋友**的忙**是应该的，你就别再谢我了。 ◇ 妈妈开了家饭店，我经常去那儿**帮**妈妈**的忙**。 ◇ 我不会**帮**王平**忙**的，你别再说了，他是我的对手。 ◇ 你就**帮**叔叔**一个忙**吧，他这么多年也挺不容易的。
帮＋代＋(…)＋忙		◇ 我知道你一定会**帮**我**的忙**的。 ◇ **帮**我**一个忙**，把你的自行车借我用一下。 ◇ 没有人能**帮**咱们**的忙**，只能靠咱们自己了！

离析形式	所占比例	例　句
		◇ 我很想帮你的忙，但是事情都太大，我帮不上啊！ ◇ 他这个人性格不好，没有人愿意帮他的忙。 ◇ 你别求别人了，谁愿意给你帮这忙啊？ ◇ 我很想帮这个忙，可是最近太忙了，挤不出时间来啊。 ◇ 您是专家啊，只有您能帮这个忙。
帮＋了＋(…)＋忙 帮了忙	★★	◇ 这次又是我的老同学给我帮了忙。 ◇ 他的英语作文得了满分，后来我们才知道原来是他的语伴帮了忙。
帮＋了＋名/代＋ (…)＋忙		◇ 他帮了朋友的忙，所以他的朋友请他吃了饭。 ◇ 你们帮了我的忙，还没来得及谢你们呢！ ◇ 你的这个主意真是帮了我们大忙。 ◇ 这位专家帮了我很大的忙，让我的研究有了新的进展。 ◇ 你帮了我这个忙，我一定会报答你的。
帮＋了＋动＋忙		◇ 新政策的出台，可以说是帮了足球改革的忙。 ◇ 这么好的天气可真帮了农民收割的忙。
帮＋了＋形＋忙		◇ 他这次可帮了大忙，你一定要好好谢谢他。 ◇ 这次考试考得好，这些书可是帮了大忙。 ◇ 这次为了你考试的事，玛丽帮了很大忙。 ◇ 没想到我帮了倒忙※，真是抱歉。 ※帮倒忙：帮忙的时候反而给别人带来了麻烦。

离析形式	所占比例	例　句
帮＋了＋数量＋(…)＋忙		◇ 我好心帮他们修电脑，没想到却**帮了倒忙**，电脑不仅没修好，反而连机都开不了了。 ◇ 在大学期间，他的确给我**帮了不少忙**。 ◇ 妹妹在厨房**帮了会儿忙**，就回屋学习了。 ◇ 周末我请**帮了些忙**的同事一起去吃了个饭。 ◇ 这次旅行，老天爷可**帮了一个大忙**：天气一直都特别好。
帮＋帮＋(…)＋忙 帮帮忙	★★	◇ 我有点儿事想请你**帮帮忙**，你周末有时间吗？ ◇ 这个箱子太重了，我拿不动了，你快来**帮帮忙**！ ◇ 我的孩子不见了，警察先生，请你**帮帮忙**找一下。
帮＋帮＋名/代＋的＋忙		◇ 我们是不是应该**帮帮王平的忙**啊？他以前帮过我们。 ◇ 这位老人孤单一人，我们应该**帮帮她的忙**。 ◇ 他一个人拿不了这么多东西，你去**帮帮他的忙**吧。
帮＋帮＋形＋忙		◇ 我来是求你**帮帮小忙**的。
帮＋数量＋忙 帮个忙	★	◇ **帮个忙**，把这个交给老师。 ◇ 给你打电话，是想请你**帮个忙**。 ◇ 你**帮个忙**送一下我的朋友，我喝酒了。 ◇ 劳驾哪位**帮个忙**，给老先生让个座儿。 ◇ 你能不能**帮个忙**，把我那件衣服顺便洗了？

离析形式	所占比例	例 句
帮＋过（…）＋忙 帮过忙	★	◇ 你结婚的时候，他还来帮过忙呢，你怎么不记得了啊？ ◇ 老王今天请客，感谢所有帮过忙的人。
帮＋过＋数量＋忙		◇ 大学毕业后，我在叔叔的公司帮过一年多忙。
帮＋过＋名/代＋（…）＋忙		◇ 我们不能忘了帮过公司忙的那些朋友。 ◇ 刚到中国时，他曾热心地帮过我的忙。 ◇ 在我遇到困难时，谁也没有帮过我的忙，这让我很伤心。 ◇ 你以前帮过他的忙，说不定这次他也会帮你。 ◇ 他以前帮过我很多忙，我会好好报答他的。 ◇ 他以前帮过我一点儿忙，我当然记得。
帮＋的＋忙	☆	◇ 这次搬家全靠朋友帮的忙。 ◇ 他能进这家公司，都是叔叔帮的忙。 ◇ 上次修电脑是请邻居来帮的忙。 ◇ 上次你找谁帮的忙啊？
帮＋补＋（…）＋忙 帮＋不上＋（…）＋忙	☆	◇ 真抱歉，医学以外的事情，我可帮不上忙。
帮＋不了＋（…）＋忙		◇ 对不起，这个问题比较大，我帮不了您的忙，请原谅。
忙…帮…	☆	◇ 看着妈妈那么辛苦，我们却一点儿忙也帮不上，真心疼。 ◇ 这个忙你一定得帮，要不我就惨了！ ◇ 他疼得直叫，我们却什么忙也帮不上。

保密

bǎo//mì 保守秘密,不让其他人知道(keep sth. secret):这件事你一定要帮我～,千万别告诉别人。

离析形式	所占比例	例句
密…保…	★★★	◇你别着急,你的密大家都替你保着呢。 ◇你这密是怎么保的,现在所有人都知道这件事了!
保+着+密	★	◇她正保着密,以为没人知道这件事呢!
保+补+密 保得了/不了密	★	◇你这样做,还能保得了密吗? ◇这件事保不了密了,咱们公司至少有一半人已经知道了。
保+代+密 保什么密	★	◇你真的不用对我保什么密,我都知道了。
保+了+密	○	√这件事非常重要,他对所有人都保了密。 √了解到这件事后,班长不仅替他保了密,还积极帮他解决这个问题。
保+过+密	○	√这件事我们还对您保过密呢! √他办公室的电话从来没有保过密,在电话本里一查就能查到。 √他替朋友打过架,住过院,还为做小偷的哥们儿保过密。
保+的+密	○	√你是怎么保的密啊,为什么现在所有人都知道这件事了?
保+保+密	○	√这件事我们还得保保密,等找到一个合适的机会再告诉大家吧!

B 008 报到

bào // dào 向学校、工作单位等组织报告自己已经到了（register）：新生今天开始~了。

离析形式	所占比例	例句
报＋了＋到	★★★	◇今天他去公司**报了到**，正式开始上班。
报＋补＋到 报完到	★★★	◇去学校**报完到**，他又到超市买了点儿东西。
报＋过＋到	○	√你怎么才来啊，我们早就**报过到**了。
报＋的＋到	○	√我昨天下午来**报的到**，还好那时候人不多，没等很长时间。

B 009 报名

bào // míng 把名字报告给主管的人或某个组织等，表示愿意参加某种活动或组织（sign up）：我打算~参加这次运动会。

离析形式	所占比例	例句
报＋了＋(…)＋名 报了名	★★★	◇这次运动会，我们班几乎所有人都**报了名**。 ◇既然**报了名**，就应该好好准备。 ◇听说要去香山，我第一个**报了名**。 ◇大家参加这次运动会的热情很高，现在已经有一百多人**报了名**。 ◇听说这个辅导班不错，妈妈就给我**报了名**。 ◇我已经去学校**报了名**，你呢？ ◇既然花那么多钱**报了名**，还是坚持下去吧。
报了个名		◇听说这次运动会奖品很多，我也去**报了个名**。

离析形式	所占比例	例句
报＋过＋名	○	√我们已经报过名了，你也快去吧！
报＋的＋名	○	√我今天生病了，是玛丽帮我报的名。
报＋补＋名 报上名	○	√我们都等了好几个小时了，还没报上名。
报＋报＋名	○	√先别想能不能考上，先报报名试试。

B010 报销 bào//xiāo 把因为公事所花的钱或其他规定的费用报告上级核销（submit an expense account; reimburse）：这些费用公司会给你们～的。

离析形式	所占比例	例句
报＋补＋销 报不了销	★★★	◇如果你去北京不是工作而是去玩儿，那你的机票就报不了销了。 ◇公司快破产了，员工的医疗费也报不了销了。 ◇报不了销就算了，反正钱不多。
报＋了＋销	○	√这次出差的费用，公司已经给我报了销了。
报＋过＋销	○	√他经常自己花钱买些小文具，但是从来没找公司报过销。

B011 闭幕 bì//mù 会议或展览会、运动会等活动结束（the curtain falls; close）：会议已经胜利～了。

离析形式	所占比例	例句
闭＋了＋幕	★★★	◇奥运会已经闭了幕，可是大家对体育的热情仍然很高。
闭＋的＋幕	○	√大会是今天下午六点闭的幕。

B 012 毕业

bì//yè 在学校或训练班学完规定的课程，达到规定的要求，结束学习（graduate）：我今年～。

离析形式	所占比例	例　句
毕＋了＋业	★★★	◇ 他大学毕了业，就到研究所工作了。 ◇ 你都毕了业了，怎么还向父母要钱啊？ ◇ 他高中毕了业之后，就去参军了。 ◇ 他们刚从北京大学毕了业。 ◇ 因为一直没找到合适的工作，自从大学毕了业，他就没一天高兴过。 ◇ 你毕了业准备干什么呢？ ◇ 这些事情你等毕了业再考虑吧。 ◇ 我们这些毕了业的人没机会用新教室了。
毕＋过＋业	☆	◇ 他没上过学，怎么可能毕过业？ ◇ 我毕过业，当然知道毕业时的心情。 ◇ 他过去在什么学校毕过业，做过什么事，都不重要，重要的是他现在是一个什么样的人。
毕＋补＋业 毕不了业	☆	◇ 他整天不学习，当然毕不了业。 ◇ 他今年毕不了业了，因为他的毕业论文没有通过。 ◇ 你现在不学习，将来毕不了业的时候可不要后悔！
毕＋的＋业	○	√ 他是1998年7月毕的业。
业…毕…	○	√ 你的毕业论文要是通不过，业都毕不了。

B 013 贬值

biǎn//zhí 价值降低（devalue）：我的股票最近一直在～，因此想尽快卖出去。

离析形式	所占比例	例　句
贬＋了＋值	★★★	◇ 十年后，他购买的房产很多都贬了值。 ◇ 当时大多数亚洲国家的货币都不同程度地贬了值。
贬＋过＋值	○	√ 他说这种玉石从来没有贬过值。
贬＋的＋值	○	√ 人民币从什么时候开始贬的值？
贬＋补＋值 贬不了值	○	√ 放心吧，人民币今年贬不了值。 √ 知识是贬不了值的。

C

C 001 参军	cān//jūn 加入军队（join the army）：我十五岁就~了。	
离析形式	所占比例	例　句
参＋了＋军	★★★	◇林芳小时候就梦想成为一名军人，高中毕业以后，她**参了军**。 ◇他六个孩子，五个**参了军**。 ◇毕业以后，我们有的**参了军**，有的当了教师。 ◇儿子没考上大学，父母让他**参了军**。
参＋过＋(…)＋军 参过军	★	◇他**参过军**，当过司机，也开过公司。 ◇他没**参过军**，别人却都叫他"将军"。 ◇考军校必须要**参过军**吗？ ◇她特别喜欢**参过军**的男人。
参＋过＋数量＋军		◇你不就是**参过几年军**吗，就把自己当将军啦？
参＋的＋军	☆	◇老人是1937年**参的军**。 ◇你什么时候**参的军**啊？
军…参…	○	√你这军到底还**参不参**啊？都说了几年了，怎么还没去啊？

 **操心** cāo//xīn 担心，费心考虑或料理（worry about; rack one's brain）：他整天为国事～。

离析形式	所占比例	例 句
操＋补＋(…)＋心 操碎了心	★★★	◇弟弟从小身体不好，长大后又没有工作，父母为了他，真是**操碎了心**。 ◇为了这个家，我拼命挣钱，可以说是**操碎了心**。
操尽了心		◇为了这条街道的安全，警察们**操尽了心**，费尽了力，我们真是感激不尽啊。
操上心		◇孩子从小到大都很听话，没让我操心，现在因为恋爱，倒让我**操上心**了。
操够心		◇孩子都28岁了，你就放手吧，你还没**操够心**吗？
操起心来		◇孩子小的时候，父亲没操心，现在工作了，也结婚了，倒**操起心来**了。
操＋不起＋(…)＋心		◇我在国外工作，所以妹妹的婚事，我也**操不起**这份**心**了。
操＋不了＋(…)＋心		◇我老了，**操不了**那个**心**了，孩子们爱怎么样就怎么样吧！
操＋代＋(…)＋心 操什么心	★★★	◇那是别人的孩子，你**操什么心**啊！ ◇孩子们都长大了，我们还**操什么心**啊！
操那心		◇算了，甭**操那心**了，交给小张去办吧。 ◇别**操那心**了，放开手让年轻人去干吧。
操多少心		◇小女儿任性无知，是最让我们头疼的，为了她，我和她妈妈不知道要**操多少心**。
操你（我/他）的心		◇你**操**你**的心**吧，你是妈妈，应该的。

离析形式	所占比例	例　句
操这/那＋(…)＋心		◇ 妈，我已经有男朋友了，你就不必操**这个心**给我介绍了。 ◇ 你说你，一大把年纪了，**操这份心**干什么！ ◇ 他自己肯定能挣钱养活自己，你替他**操那个心**干什么呢？ ◇ 你自己的孩子都管不好，**操那份多余的心**干吗？
操＋了＋(…)＋心 操了心	★★	◇ 我只是在孩子入门的时候**操了心**，后来主要靠孩子自学。
操＋了＋形＋心		◇ 母亲为了这个家吃了那么多苦，**操了那么多心**，竟然得不到儿子的理解。
操＋了＋数量＋的＋心		◇ 朋友们为了他的婚姻**操了不少的心**，可是他却无所谓。 ◇ 父母为了我们**操了一辈子的心**，现在他们老了，是我们照顾关心他们的时候了。 ◇ 为了工作的事，朋友**操了好几天的心**才帮她把事情办好。
操＋了＋代＋心		◇ 为了孩子能健康成长，王老师不知道**操了多少心**。
操＋数量＋心 操＋(一/半)＋点儿＋心	★	◇ 王经理，广告的事还要麻烦您多替我**操点儿心**。 ◇ 你别担心，婚礼的事不用你**操一点儿心**，大家帮你办。 ◇ 他妻子整天打牌，家里的事从不**操半点儿心**。

离析形式	所占比例	例句
操些心		◇哥,我要去广州出差,得十几天才能回来,家里事你多**操些心**。
心…操…	★	◇陈老师把一颗**心**都**操**在了孩子们身上,比妈妈还要精心。 ◇孩子们都已经成家立业了,老人再没有什么**心**可**操**了。 ◇为了孩子上学、工作、结婚的事,中国的父母**心**都快**操**碎了。
操＋的(…)＋心 操的心	★	◇这事跟你有什么关系?你**操的心**太多了吧!
操＋的＋这/那/哪＋数量＋心		◇你为我**操的这份心**,我记住了,以后我会报答你的。 ◇王乐生病的时候,你为他**操的那一份心**,他心里应该清楚。 ◇孩子都大了,真不知道你还**操的哪门子心**。
操＋形＋心	☆	◇要想取得好成绩,就应该在工作上**操更多的心**,下更大功夫和精力。 ◇**操那么多闲心**有什么用啊?
操＋着(…)＋心 操着心	☆	◇妈妈这个不放心,那个也不放心,成天**操着心**,生怕我一个人照顾不好自己。
操＋着＋这/那份＋心		◇当妈妈的都**操着这份心**。 ◇他一边工作,还要一边**操着那份心**,多不容易啊!
操＋过(…)＋心 操过心	☆	◇他整天就知道玩儿,学习的事情从没**操过心**。

离析形式	所占比例	例 句
操＋过＋[代]＋心		◇ 父母为了给孩子治病，寻医问药，不知道操过多少心。
操＋过＋[数量]＋心		◇ 你说，孩子长这么大，你操过一点儿心吗？
操＋[动]＋的＋心	☆	◇ 当员工，只操干活儿的心就行啦。

C 003 插嘴

chā//zuǐ 在别人说话时，打断并插进去说话（interrup；chip in）：你别～，先听我说完。

离析形式	所占比例	例 句
插＋[补]＋嘴 插上/不上嘴	★★★	◇ 老板聊起来没完，我等了很久，才好不容易插上嘴。 ◇ 妈妈一时插不上嘴，只好站在一旁着急。 ◇ 我也知道自己插不上嘴，只好听他们聊。
插不进嘴		◇ 他们俩聊得那么热闹，王琳却插不进嘴，着急得像个傻瓜。
插＋了＋(…)＋嘴 插了嘴	★	◇ "妈妈，事情不是这样的。"妹妹在一旁忍不住插了嘴。 ◇ 小玲着急地插了嘴，但是说了一半就住了口。
插＋了＋[数量]＋嘴		◇ 清理工老高在大家沉默的时候插了一句嘴，让大家很吃惊。
插＋了＋[量]＋嘴		◇ 他插了句嘴以后，又偷偷地看了父亲一眼。

离析形式	所占比例	例 句
插＋数量＋嘴	☆	◇他们说的话我虽然不太懂，但还是礼貌地插一两句嘴。 ◇原谅我插一句嘴，我还是不明白刚才你说的问题。
插＋代＋嘴 插什么嘴	☆	◇我和你妈说话，你一个孩子插什么嘴！
嘴…插…	☆	◇夫妻两个人吵架，我在一旁连嘴也插不进。
插＋过＋嘴	○	√我不喜欢他们俩，所以他们说话时我从没插过嘴。
插＋的＋嘴	○	√他是在老板讲话的时候插的嘴，所以老板非常生气。

C 004 吵架

chǎo // jià 剧烈地争吵（quarrel；have a row）：你们怎么又～了？

离析形式	所占比例	例 句
吵＋了＋(…)＋架 吵了架	★★★	◇老公又喝酒了，她很生气，跟老公吵了架就回娘家了。 ◇这些都是吵了架才说的话，你不要在意。
吵＋了＋数＋架		◇晚饭后，妈妈又和他吵了一架。 ◇开学第一天，我就和同学吵了一架。 ◇我气急了，就和老板吵了一架。
吵＋了＋数量＋架		◇我们结婚一个多月，吵了十三次架。 ◇我忍不住帮着我的朋友和那群人吵了一场架。

离析形式	所占比例	例 句
吵+过+(…)+架 吵过架	★★	◇ 结婚十几年，我们也吵过架，但一点儿都不影响我们的感情。 ◇ 我们从小就认识，从没吵过架。 ◇ 他做服务员17年，从没有跟顾客吵过架，红过脸。
吵+过+数+架		◇ 两天前，我跟同事为一点儿小事吵过一架，到现在还没说过话。
吵+过+数量+架		◇ 为了他的那句话，我还跟他吵过几次架呢。
吵+数量+架 吵+数+架	★	◇ 受了这么多委屈，真想跟人大吵一架。 ◇ 如果他再这样，我就跟他大吵一架。 ◇ 我去找老徐就是为了去吵一架，骂他一顿。
吵+量+架		◇ 咱们现在吵场架算了，省得放在心里难受。
吵+补+架 吵完架	★	◇ 有一回，安莉吵完架就离家出走了。
吵起架来		◇ 为了一点儿芝麻大的小事，就像孩子似的吵起架来，你们不觉得丢脸啊？
吵起了架		◇ 刚吃过饭，小两口儿就又吵起了架。
吵上一架		◇ 因为年轻气盛，一点儿不称心就吵上一架，才觉得舒服。
吵+代+架 吵多少架	☆	◇ 如果大家都像他那样，不知道要吵多少架，生多少气。
吵什么架		√有话好好说，吵什么架呢？

离析形式	所占比例	例 句
吵+的+架	○	√他们上个月吵的架,到现在还没和好呢!

C 005 吵嘴

chǎo//zuǐ 争吵(bicker;quarrel):俩人天天～。

离析形式	所占比例	例 句
吵+了+(…)+嘴 吵了嘴	★★★	◇爸爸妈妈昨天吵了嘴,现在谁也不理谁了。
吵+了+数+嘴		◇两个好朋友因为一点儿小事吵了一嘴。
吵+了+数量+嘴		◇刚吵了几句嘴,两个人就动起手来了。 ◇他俩结婚这十年中,吵了无数次嘴。
吵+过+(…)+嘴 吵过嘴	★★	◇说实话,我和他吵过嘴。 ◇李小姐态度非常好,从未和顾客吵过嘴。
吵+过+数量+嘴		◇自从有了孩子以后,我们从没有吵过一次嘴。
吵+补+嘴 吵完嘴	★	◇吵完嘴,两个人就又说笑起来。
吵起嘴来		◇虽然他是大老板,可是和老婆吵起嘴来就没本事了。
吵+数量+嘴	☆	◇夫妻俩为晚饭吃什么这件事,每天都要吵两次嘴。
吵+代+嘴 吵什么嘴	☆	◇你们俩刚见面吵什么嘴啊?

C006 称心

chèn//xīn 满意、适意，符合心愿（find sth. satisfactory）：他说他第一次吃这么~的饭。

离析形式	所占比例	例　句
称＋名/代＋心 称＋名＋心	★★★	◇ 小时候，我不好好学习，所以不**称**老师**的心**。 ◇ 我长大懂事以后，开始**称**妈妈**的心**了。
称＋代＋心		◇ 好，那就**称你的心**吧，我们去看电影。 ◇ 这是你要的电脑，这下**称你的心**了吧？ ◇ 那时候家里穷，哪里有钱**称他心**做衣服呢？ ◇ 他跟那个不太**称他心**的女孩儿结婚了。
称＋了＋心	★	◇ 他最后终于**称了心**，娶到了王芳这个好妻子。 ◇ 老太太这下**称了心**，得了这么个大胖孙子。
称＋过＋(…)＋心 称过心	○	√ 自从嫁给林明，她从来就没有**称过心**。
称＋过＋名/代＋心		√ 姐姐总是抱怨自己命不好，日子从来就没有**称过她的心**。

C007 成套

chéng//tào 成为一套（form a complete set）：他收藏了很多~的邮票。

离析形式	所占比例	例　句
成＋数＋套 成一套	★★★	◇ 把房子这样隔开，这边的**成一套**，给他们住吧。

 **吃惊** chī∥jīng 受惊,感到惊讶(be startled; be shocked):这个消息真令人～。

离析形式	所占比例	例　句
吃+了+(…)+惊 吃了惊	★★★	◇ 他的这些话让所有的人都**吃了惊**,五天赚五百万,不太可能。
吃了一惊		◇ 听说男朋友今天去买戒指了,她**吃了一惊**,难道他这么快就要向自己求婚了? ◇ 听说他给我介绍的这个男朋友不是很帅,虽然自己有了心理准备,但是看到那男的,还是**吃了一惊**:他太丑了! ◇ 两年没有回家了,一回家他就为母亲的变化**吃了一惊**。 ◇ 这次的汉语考试让大家都**吃了一惊**,上次考得很差的詹姆斯这次考了满分。 ◇ 王林看到她的女朋友那种**吃了一惊**的样子,不禁心生怜爱。
吃+了+一+形+惊		◇ 看到分别十年的老同学出现在生日会上,他简直**吃了一大惊**。
吃+一+(…)+惊 吃一惊	★	◇ 他想,爸爸要是听到他已经结婚的消息肯定会**吃一惊**。 ◇ 我看着朋友,心中暗**吃一惊**:国外的生活让她变得太多了。 ◇ 我望了望朋友,心中暗**吃一惊**,整过容的她现在简直变了个样,都快让人认不出来了。 ◇ 看到以前的恋人,他猛**吃一惊**,真没想到在这里遇到了她。

离析形式	所占比例	例 句
吃＋一＋形＋惊		◇ 令我猛**吃一惊**的是我们分手的第三天她就结婚了。 ◇ 他的话让我小**吃一惊**，心想儿子现在怎么这么大胆，不过还好不是什么犯法的事情。 ◇ 考试结果令人大**吃一惊**，平时成绩非常好的玛丽才考了三十分。 ◇ 先不要把这个好消息告诉他们，我想让他们**吃**一大**惊**。
吃＋数量＋惊 吃点儿小惊	☆	◇ 朋友的一番话不免让他**吃点儿小惊**。

C009 吃苦

chī//kǔ 经受艰苦，承受苦难（bear hardships）：他能～，肯努力，一定会成功的。

离析形式	所占比例	例 句
吃＋了（…）＋苦 吃了苦	★★★	◇ 一些商家非法经营，虽然赚了钱，却让消费者**吃了苦**。 ◇ 当年条件不好，你们在这儿**吃了苦**了，真对不起！
吃＋了＋数量＋苦		◇ 父母**吃了**一辈子**苦**，现在应该好好享福了。 ◇ 为你们做点儿事是应该的，只是我做晚了，让你们多**吃了**一些**苦**。 ◇ 母亲**吃了**多少**苦**才把五个孩子抚养成人。 ◇ 为了妻子和孩子，**吃点儿苦**不算什么。

离析形式	所占比例	例　句
吃＋了＋形＋苦		◇ 他刚来到城市时，的确吃了不少苦。 ◇ 这些年我虽然吃了很多苦，但这是我做丈夫的责任和义务。 ◇ 为了孩子们，她吃了那么多苦，操了那么多心，可是最后老了生病了却没有一个孩子愿意照顾她。
吃＋了＋名＋苦		◇ 她的病拖到现在，完全是吃了医疗技术的苦——全县连一个像样的手术室都没有。
吃＋补＋(…)＋苦 吃不了苦	★★	◇ 你在城市长大，现在要去农村工作，真怕你吃不了苦。
吃＋不下＋(…)＋苦		◇ 刚到国外，语言不通，生活不习惯，她吃不下一时的苦，很快就回了国。
吃＋够了＋(…)＋苦		◇ 山村里的人吃够了没有文化的苦，所以无论怎样都要让自己的后代读书学习。
吃＋不到＋(…)＋苦		◇ 大城市的生活富裕，你是吃不到这样的苦的。
吃＋上＋(…)＋苦		◇ 在国外吃上两年苦，她就会成熟起来的。
吃＋尽＋(…)＋苦		◇ 妈妈年轻的时候吃尽了苦，现在终于可以享享福了。
吃不得苦		◇ 现在都是独生子女，娇生惯养，都吃不得苦了。
吃得起苦		◇ 一个人在国外生活并不容易，你要吃得起苦啊！

离析形式	所占比例	例 句
苦…吃…	★★	◇ 这种苦，我刚到美国时吃得多了。 ◇ 如果你连眼前这点儿苦都吃不了，还是趁早放弃吧！ ◇ 城市里的孩子一点儿苦也吃不了。 ◇ 我从小在农村长大，什么苦没吃过？ ◇ 考不上大学，这些年的苦不是白吃了？ ◇ 你来这里要每天工作16个小时，这苦你到底吃得了吃不了？吃不了就赶紧回家吧！
吃＋数量＋苦 吃点儿苦	★★	◇ 一个人在国外生活总是要吃点儿苦的，没什么。 ◇ 想考上北京大学，不吃点儿苦怎么行呢？ ◇ 一个人年轻的时候吃点儿苦是好事。
吃＋些＋(…)＋苦		◇ 年轻人吃些苦，锻炼一下有好处。 ◇ 他没有经验，常常因为方法不对而吃些毫无价值的苦。
吃＋数＋遍＋苦		◇ 吃了一次苦了，再吃二遍苦，谁还愿意？
吃一通苦		◇ 为了几万块钱，吃一通苦算什么？
吃一辈子苦		◇ 为了后代的幸福，吃一辈子苦我也愿意。
吃＋这/那＋种＋苦		◇ 现在的生活都好了，谁还愿意吃这种苦。 ◇ 难道你还要她跟着你再去吃那种苦啊，你忍心吗？

离析形式	所占比例	例　句
吃+这/那+份+苦		◇他们就一个女儿，怎么忍心让她**吃这份苦**。 ◇他这么多年来这样辛苦，就是为了不让孩子们再**吃那份苦**。
吃+这/那+个+苦		◇我这么穷，哪个姑娘愿意跟我**吃这个苦**，受这个穷啊？ ◇他这么大岁数了，能**吃那个苦**吗？
吃+形+苦	★★	◇她一心要考上大学，这样就不必在农村**吃大苦**，受大累※了。 ※吃大苦、受大累：吃的苦和受的累非常多，非常艰难的意思。 ◇全厂工人发扬**吃大苦**、耐大劳的精神，只用了二十天就把200万套玩具赶了出来。 ◇现在技术多先进啊，孩子们再也不用**吃那样大的苦**了！ ◇不管**吃多大的苦**，只要能考上好大学，我都愿意。 ◇母亲说："嫁给一个没有工作的人，是要**吃很多苦**的呀！" ◇没有知识，将来就会**吃更多的苦**。 ◇只要能把汉语学好，**吃再多苦**我也不怕！ ◇早知道**吃这么大的苦**，我就不来了。 ◇母亲**吃那么多苦**，才把我们姐妹三个养活大，我们一定得好好孝敬她。
吃+过+(…)+苦 吃过苦	★	◇小时候他**吃过苦**，所以到现在还特别俭朴。 ◇他自己**吃过苦**，不能再让孩子们吃苦了。 ◇我有一个姐姐一个哥哥，都是**吃过苦**的人。

离析形式	所占比例	例　句
吃＋过＋名/代＋苦		◇ 我爷爷奶奶那辈人，都**吃过**战争**的苦**。 ◇ 他很爱打人，班上的同学都**吃过他的苦**。 ◇ 他在那所学校上学时**吃过**王琳不少**苦**。 ◇ 为了孩子们，他不知**吃过**多少**苦**，操过多少心。 ◇ 因为出生在商人家庭，所以从小就没有**吃过**什么**苦**。 ◇ **吃过**这样的**苦**的人，今后还有什么苦不能吃呢？
吃＋过＋形＋苦		◇ 为了让家人过上富裕的生活，他的确**吃过**很多**苦**。
吃＋过＋动＋苦		◇ 他和所有贫困家庭的孩子一样，**吃过**失学**的苦**。
吃＋的＋苦	★	◇ 你们和我当年在国外**吃的苦**没法比。 ◇ 他这一辈子**吃的苦**还真不少，不过现在好啦，过上好日子了。 ◇ 该**吃的苦**他也吃了，该受的累他也受了，可是总也考不上大学。 ◇ 别人能**吃的苦**我王龙也能吃，我就不信我考不上大学。
吃＋名/代＋苦	☆	◇ 有了这个工程，当地的人们再也不用**吃**水灾**的苦**了。 ◇ 我们班那个爱打人的林明转学了，我们再也不用**吃他的苦**了。 ◇ 谈起在中国的经历，我觉得我比较幸运，没**吃**什么**苦**。

离析形式	所占比例	例　句
		◇ 既然接受了，**吃**什么样的**苦**我都有心理准备。 ◇ 只要能考上北京大学，**吃**多少**苦**我都愿意。 ◇ 我很爱他，跟着他，无论**吃**多少**苦**，我也心甘情愿。
吃＋动＋苦	☆	◇ 孩子们都上学了，再也不用**吃**没有文化的**苦**了。 ◇ 你要想超过别人，就要**吃**别人**吃**不了的**苦**。
吃＋吃＋苦	○	√ 他这个年纪，就应该到农村去**吃吃苦**，锻炼锻炼。

C 010 吃亏

chī//kuī ① 蒙受损失（suffer losses）：决不能让大家～。② 在某方面存在不利条件（be at a disadvantage）：由于这场球赛北京队的人年纪都偏大，所以他们很～。

离析形式	所占比例	例　句
吃＋了＋(…)＋亏 吃了亏	★★★	◇ 我去年种西瓜就**吃了亏**，少赚了九千多块钱，所以今年不种了。 ◇ 总教练李永波表示，比赛前对对方没有重视，结果**吃了亏**。
吃＋了＋名/代＋亏		◇ 已经**吃了**他的**亏**了，就不要再和他来往了。 ◇ 年轻的时候，太天真无知，不知道**吃了**多少**亏**。
吃＋了＋数量＋亏		◇ 昨天比赛时，由于准备不充分，**吃了**一点儿**亏**。 ◇ **吃了**几次**亏**，他就清楚自己的分量了。

离析形式	所占比例	例　句
吃＋了＋形＋亏		◇ 由于缺乏法律意识，爸爸在这方面**吃了**很多的**亏**。 ◇ 他由于不懂科学，买了假种子，**吃了**大**亏**。
吃＋了＋动＋亏		◇ 这些农民就是**吃了**没有文化的**亏**，要是懂一点儿科学知识和法律知识，也不会犯这样的错误。 ◇ 我们这一次啊，就是**吃了**不懂法的**亏**。
吃＋形＋亏	★	◇ 贪小便宜**吃大亏**※，记住这句话吧。 ※吃大亏：非常吃亏，吃的亏很大、很多。 ◇ 盲目地作出决定，是要**吃大亏**的。 ◇ 不懂法，今后可是要**吃大亏**的。 ◇ 虽然不幸受了骗，但还是要想想办法，才不至于**吃太大的亏**。
吃＋过＋(…)＋亏 吃过亏	★	◇ 虽然生意场上王冬**吃过亏**，他还是觉得自己就是做生意的材料。
吃＋过＋名/代＋亏		◇ 我**吃过**骗子的**亏**，所以现在一直很警惕。 ◇ 你以前没有**吃过**这种**亏**，所以没有戒心，上了他们的当。 ◇ 这小伙子挺莽撞的，大概从小到大没**吃过**什么**亏**。
吃＋过＋数量＋亏		◇ 在情场上，你已经**吃过**一次**亏**，就不能再错第二次了。
吃＋过＋形＋亏		◇ 因为家里有钱，所以自小他也没有**吃过**多大的**亏**。
吃＋过＋动＋亏		◇ 我们都曾**吃过**吹牛的**亏**，所以凡事要实事求是。

离析形式	所占比例	例句
吃+数量+(…)+亏 吃+数量+亏	★	◇ 他就是这样的人，**吃点儿亏**就怒，占点儿便宜就乐。 ◇ 企业宁可**吃点儿亏**，也不能损害消费者的利益。
吃+数量+形+亏		◇ 助人为乐嘛，虽然**吃点儿小亏**，但是值得。 ◇ 为了讨得女朋友的欢心，**吃点儿小亏**算什么？
亏…吃…	★	◇ 做吧，反正没有**亏吃**。 ◇ 跟汪老板合作，**亏**是绝对不会**吃**的，这一点请你们放心。 ◇ 她这个人精明得很，一点儿**亏**都不肯**吃**。
吃+名/代+亏	★	◇ 我们在竞争中老是**吃价格的亏**。 ◇ 千万不要以貌取人，他看起来倒是很老实，但是谁和他共事谁就会**吃他的亏**。 ◇ 为了不让大家再**吃这个亏**，我把所有的材料都带来了，熟悉一下现在的市场情况。
吃+的+亏	☆	◇ 这几年在社会上混，小林**吃的亏**可不少了。 ◇ 老王**吃的亏**就是不懂技术。
吃+动+的+亏	☆	◇ 他呀，**吃遇事冲动的亏**不算少，也不算小，可就是改不了。
吃+补+亏 吃不了亏	☆	◇ 李老三消息灵通，也有经验，跟着他绝对**吃不了亏**。
吃得起/不起亏		◇ 小沈做生意**吃得起亏**，所以赚了不少钱。 ◇ 我们**吃不起亏**，只好放弃。

C011 抽空

chōu// kòng 抽出时间、挤出时间（manage to find time）：晚上我~去理了个发。

离析形式	所占比例	例句
抽＋补＋空 抽出/不出空	★★★	◇ 他平时工作很忙，没有时间，这是他第一次**抽出空**来跟妻子散步。 ◇ 虽然很忙，他还是经常**抽出空**看望妈妈。 ◇ 炒菜煮饭已经够忙了，他还得不时**抽出空**看看小女儿醒了没有。 ◇ A：对不起，我实在**抽不出空**参加你的生日聚会。 　B：没关系，我知道你工作忙，**抽不出空**来。 ◇ 他总是说自己很忙，**抽不出空**照顾父母。
抽＋了＋空	★	◇ 虽然很忙，他还是**抽了空**去看望生病的外婆。
抽＋量＋空 抽个空	☆	◇ 你下午**抽个空**把这本书送给王老师。 ◇ 你再忙也要**抽个空**帮我修修电脑。

C012 出差

chū// chāi 工作人员临时到外地办理公事（be away on official business）：公司让我明天去北京~。

离析形式	所占比例	例句
出＋了＋(…)＋差 出了差	★★★	◇ 上星期公司让小林去杭州谈业务，他**出了差**也不给我们来个电话，不知道那边情况怎么样了。

离析形式	所占比例	例 句
出＋了＋数量＋ (…)＋差		◇ 去北京出了一趟差，他才发现自己的公司真的有很多应该改进的地方。 ◇ 去那儿出了几趟差以后，他更喜欢那个城市了。 ◇ 最近我去深圳出了次差，发现那里的电器比家里便宜多了。 ◇ 他去浙江出了好几次差，终于把这件事办好了。 ◇ 他最近刚出了一趟远差，还是派其他人去吧！
出＋代＋(…)＋差 出这差	★	◇ 第一次出这差，还真有点儿担心自己做不好呢！
出这种差		◇ 出这种差，公司会给你报销路费的。 ◇ 出这种差最没意思，天天呆在酒店里开会，可是有什么办法呢，不去不行。
出什么差		◇ 这种事情打个电话就行了，还出什么差啊？
出＋数量＋差 出＋(数)＋趟＋差	★	◇ 你赶快准备一下，明天去北京出趟差。 ◇ 工作三年了，一直没机会出差，这次终于能出一趟差了。
出个差		◇ 我明天要去广州出个差，这件事你帮我办了吧！
出＋形＋差	★	◇ 我们公司有轮流出美差※的规矩，这次轮到我了，除了工作，还可以好好在香港购购物，逛逛迪斯尼乐园。 ※美差：可以明显得到好处或者利益的差事。

离析形式	所占比例	例句
差…出…	★	◇ 我这趟差算是白出了，什么事情也没办成。 ◇ 他这样的人还有差可出啊？
出＋过＋(…)＋差 出过差	○	√ 我参加工作还不到一个月，还没出过差呢！ √ 他从来没去国外出过差。
出＋过＋数量＋差		√ 他工作几十年了，出过无数次差，但是来这里出差，还是第一次。 √ 我到那个地方出过几次差，对那儿挺熟的。
出＋的＋差	○	√ 他是十八号出的差，到现在已经快二十天了。

C013 出门

chū//mén ① 离开家外出（go out）：他刚～，你等会儿吧！② 离家远行（be away from home；go on a journey）：～在外，千万要注意安全。

离析形式	所占比例	例句
出＋了＋(…)＋门 出了门	★★★	◇ 听说要去动物园，孩子们高高兴兴跟着父母出了门。 ◇ 他们全家一大早就出了门，估计快回来了，您再等等吧。 ◇ 他一听这消息，拉着女儿就出了门去找她男朋友评理。 ◇ 在家里有父母兄弟，出了门就要靠朋友啦！ ◇ 星期天一大早，他就开着车，带着老婆孩子出了门。

离析形式	所占比例	例 句
出＋了＋数量＋ (…)＋门		◇他从来没有离开过自己的家乡，最近在北京工作的女儿结婚，才**出了**次**门**。 ◇他最近刚**出了**趟远**门**，所以不太想跟他们出去旅游了。
出＋过＋(…)＋门 出过门	★	◇他从来没有**出过门**，还真有点儿想家。 ◇她很胆小，从来没有单独**出过门**。 ◇他工作很忙，从没跟孩子们一起**出过门**，这次是怎么啦，居然要带孩子们去旅行。
出＋过＋数量＋门		◇他得了重感冒，都一个月了，没**出过一次门**。 ◇这孩子，从小到大没**出过几次门**，你说我能不担心吗？
出＋补＋门 出不了门	★	◇他得了重病，**出不了门**了，于是那些老球友就经常到他家看他。 ◇孩子这么小，我实在**出不了门**，您还是让其他人出去吧！ ◇下雨天**出不了门**，我们只好在宿舍上网了。 ◇下这么大雪，卖菜的**出不了门**，我们也就只好吃方便面了。
出＋数量＋门 出趟门	☆	◇他跟着哥哥做起了玉石生意，**出趟门**少说也能挣个千儿八百的。
出次门		◇听说孩子们在广州过得都不错，他打算下个月**出次门**，亲自到广州看看。

离析形式	所占比例	例 句
出一会儿门		◇我那老婆，把我看得可严了，我刚**出一会儿门**，电话就一个接一个，让我赶紧回去。
出个门		◇结婚以后，他一点儿自由也没有了，就连**出个门**也得告诉妻子。 ◇不就是**出个门**吗，看你紧张的，我来帮你收拾行李吧！
出+的+门	☆	◇他什么时候**出的门**？
门…出…	○	√他一天到晚门也不出，整天在家里打游戏。

C014 出面

chū//miàn 以个人或集体的名义做某件事或解决某个问题（appear personally）：他一～，问题立即解决了。

离析形式	所占比例	例 句
出+了+面	★★★	◇这件事太麻烦了，开始他不想管，最后他还是**出了面**，才解决了这件事。
出+量+面	★★★	◇这事儿还得要他**出个面**。
出+出+面	★★★	◇你只要**出出面**，动动脑子就好了。
出+过+面	○	◇他曾经为他儿子工作的事情**出过面**。 ◇为了挽救他俩的婚姻，厂领导也**出过面**，不过最后他们还是离了。

C 015 出名

chū//míng 有名声；为大家所熟知（come to front；be famous）：他是我们厂里～的先进生产者。

离析形式	所占比例	例 句
出＋了＋名	★★★★	◇以全国第一的成绩考入北大，不仅使他，也使他的家乡**出了名**。 ◇他生活节俭**出了名**，咸菜米饭、方便面是常事。 ◇在村子里，王寒声家是**出了名**的穷户。 ◇当地人的勤劳和聪慧是**出了名**的。
出＋过＋名	☆	◇她年轻的时候也曾因为自己的美丽**出过名**，但现在没有人记得她了。
出＋量＋名	☆	◇他计划借这次机会**出个名**。
出＋出＋名	☆	◇这些孩子做这些只是为了**出出名**而已。

C 016 出神

chū//shén 因神情专注而发呆（be in a trance）：孩子们听故事听得～了。

离析形式	所占比例	例 句
出＋了＋(…)＋神 出了神	★★★	◇我们坐在湖边，望着游来游去的鱼儿**出了神**。 ◇一群小鸟飞过，小家伙看着鸟儿**出了神**。 ◇不管懂戏的不懂戏的，大家都听得**出了神**。
出＋了＋数量＋神		◇他呆呆地**出了一会儿神**，然后又长长地叹了口气。 ◇他望着天上的星星**出了一会儿神**，然后就合眼睡去了。

离析形式	所占比例	例　句
		◇ 走到宿舍里，他呆呆地**出**了半天**神**，终于开口说话了。 ◇ 王兰望着墙上的画儿，**出**了一阵**神**，然后说道："这是我三年前在农村老家画的。"
出＋补＋神 出完神	★	◇ 看到故乡的一切，他陷入沉思中，**出完神**，他又开始忙活起来。
出起神来		◇ 刚开始开会，他就望着窗外**出起神来**。 ◇ 他不由自主地坐了下去，默默地**出起神来**。
出＋着＋神	☆	◇ "我也不太清楚"，小雅**出着神**说。 ◇ 她无心地看了他一眼，他正在看着她，**出着神**。
出＋代＋神 出什么神	☆	◇ 你**出什么神**啊？快说啊，昨天发生了什么事？

C 017　出院　chū//yuàn 住院病人结束住院，离开医院（be out of hospital; leave hospital）：他病好～了。

离析形式	所占比例	例　句
出＋了＋院	★★★	◇ 病好了，当天下午他就高高兴兴**出**了**院**。 ◇ 她不听医生的话，提前**出**了**院**。 ◇ 看到他的伤口已经好了，医生让他**出**了**院**。 ◇ 他恢复得很快，一周之后就**出**了**院**。 ◇ 他**出**了**院**就去工作了。 ◇ 刚**出**了**院**的奶奶回到家，忍不住哭了起来。

离析形式	所占比例	例 句
出＋补＋院 出不了院	☆	◇ 他这病，看来是**出不了院**了。 ◇ 如果医生不同意，他就**出不了院**。
出＋的＋院	○	√ 我昨天刚**出的院**，所以还没来得及去学校呢！
院…出…	○	√ 你看他病成这样，估计这院是出不了了。

C 018 吹牛

chuī∥niú 说大话，不根据事实说话，夸大话的内容（boast; talk big）：一天能挣 10 万块钱？他又在～吧？

离析形式	所占比例	例 句
吹＋补＋(…)＋牛 吹起牛来	★★★	◇ 他总是说大话，**吹起牛来**没完没了。 ◇ 他看起来很老实，**吹起牛来**谁也比不了。
吹＋不起＋(…)＋牛		◇ 他肯定学习好，要不也**吹不起这个牛**。 ◇ 现在我们的技术还不行，**吹不起这个牛**。
吹＋数量＋牛	★	◇ 他这人，总爱**吹个牛**、说个谎什么的。 ◇ 你可不可以少**吹点儿牛**，多做点儿事？ ◇ 找工作的时候我稍微**吹点儿牛**可不可以啊？ ◇ 你少**吹几次牛**吧！
吹＋代＋牛 吹什么牛	★	◇ 你又在这里**吹什么牛**啊？ ◇ 你**吹什么牛**，这样的事情根本不可能发生。 ◇ 这怎么可能，你**吹什么牛**呢！

离析形式	所占比例	例句
吹＋形＋牛	★	◇ 以前我们两个经常在一起**吹大牛**※，聊大天。 ※吹大牛：吹牛吹得很厉害，很夸张。 ◇ 那些爱说大话、**吹大牛**的人不可靠。
吹＋了＋牛	☆	◇ 我知道他面试的时候**吹了牛**。
吹＋着＋牛	☆	◇ 我见到他时，看到他正在一群人面前**吹着牛**呢！ ◇ 他一边修着电脑，一边跟客人**吹着牛**。
吹＋过＋牛	☆	◇ 我从来没有**吹过牛**。 ◇ 你有没有**吹过牛**啊？
吹＋的＋牛	○	◇ 很多年过去了，他仍旧记得小时候他在奶奶面前**吹的牛**，他说他要当总统。

C 019 辞职

cí∥zhí 辞去自己的职务（resign）：他在这个公司没干多长时间就～了。

离析形式	所占比例	例句
辞＋了＋职	★★★	◇ 他不喜欢这个工作，在那里工作了不到三年就**辞了职**。 ◇ 她前年**辞了职**，跟丈夫开了一个饭馆儿。 ◇ 自从前几年**辞了职**经商以来，他没有一天高兴过。 ◇ 在这样的公司没什么前途，所以他**辞了职**。 ◇ 虽然妻子不同意，他还是**辞了职**。 ◇ 你什么也不会，**辞了职**干什么啊？

离析形式	所占比例	例 句
辞＋补＋职 辞＋掉＋(…)＋职	☆	◇ 她**辞**掉教师一**职**，去了美国。
辞不下来职		◇ 公司最近这么忙，老板不让他辞职，他根本**辞**不下来**职**。
辞＋代＋职	☆	◇ 他**辞**他的**职**，跟你有什么关系？
职…辞…	☆	◇ 你不如把**职辞**了跟我去香港吧！
辞＋过＋职	○	√ 我向老板**辞**过**职**，可是老板不答应。
辞＋的＋职	○	√ 他不在那家公司上班了，是半年前**辞**的**职**。

D

D001 打架

dǎ//jià 对立双方或多方互相殴打（fight; scuffle）：有话好说，不能～。

离析形式	所占比例	例 句
打＋过＋(…)＋架 打过架	★★★	◇我小时候在这里捉过小鱼，吃过野果，还和小伙伴们打过架。 ◇我们兄弟俩从没吵过架，更没打过架。
打＋过＋数量＋架		◇小学的时候，倒是和人打过几回架，长大了就知道讲道理了，没有动过手。
打＋过＋名＋架		◇那些大学生，尽管人多，可能也打过群架※，但是绝对不是我们的对手。 ※打群架：很多人一起打架。
打＋补＋(…)＋架 打起架来	★★★	◇在昨天的争吵之后，两个人今天又在宿舍里打起架来。 ◇兄妹两个人打起架来竟然毫不留情，非要打个你死我活才罢休。
打＋上＋(…)＋架		◇我不想背着他说什么，明天我就去找他，正大光明地打上一架。
打完架		◇两个孩子打完架，好几天都不敢回家。
打输了架		◇个子小的打输了架，竟然还不服气。

离析形式	所占比例	例句
打+名+架 打群架	★★	◇ 读初中的时候,他就跟着一伙人抽烟、喝酒、**打群架**、偷窃,后来被劳动教养了三年。 ◇ 在我的记忆中,中学有三次**打群架**,头破血流,死去活来的。
打嘴架		◇ 夫妻俩从结婚就没安静过,几乎天天**打嘴架**※。 ※打嘴架:只吵架,但是不动手。
打+了+(…)+架 打了架	★★	◇ 我和弟弟虽然**打了架**,但是一点儿也不影响我们之间的感情。
打+了+数量+架		◇ 今天在篮球场为了争球还跟一个男生**打了一架**。 ◇ 前几天我跟邻居**打了一架**,后来被我父母知道了,又挨了一顿训。 ◇ 我三年前还真的为了女人**打了一回架**。
打+一+架	★★	◇ 你要是不服气,咱就出去**打一架**。 ◇ 看到新来的那个家伙就不顺眼,真想跟他痛痛快快地**打一架**。 ◇ 王强不是你的对手,所以根本没有跟他**打一架**的必要。
打+数量+架 打个架	★	◇ 为什么男人年轻的时候都爱**打个架**什么的?
打一次架		◇ 那时候,年轻气盛,两三天就**打一次架**。
打一通架		◇ 他甚至想和王老板在街上**打一通架**,不过也只是想想而已,他的身份是不允许他这样做的。
打+数+场+架		◇ 自从父亲回来,他每天少打好几场架。

离析形式	所占比例	例　句
打＋代＋架 打什么架	☆	◇都是一家人，为了一点儿小事打什么架！不会坐下来好好谈吗？
打＋着＋架	☆	◇我当时全身已经湿透了，身体直抖，上牙同下牙严重地打着架，什么话也说不出来。
打＋的＋架	☆	◇你们就是为了这个女人才打的架？太不值得了吧？
打＋形＋架	☆	◇看着赵天胜满身的血迹和汗水，觉得他像一条打恶架※的疯狗。 ※打恶架：打架打得很激烈、很残忍。
打＋动＋架	☆	◇整天无所事事，只是打些没有结果的架，有什么用？

D 002 打猎　dǎ//liè 在野外捕捉鸟兽等野生动物（go hunting）：我今天和爸爸一起去～了。

离析形式	所占比例	例　句
打＋过＋(…)＋猎 打过猎	★★★	◇为了保护野生动物，我十多年没有打过猎了。
打＋过＋数量＋猎		◇他小时候跟爷爷一起打过几回猎。 ◇他在那儿的山里打过两次猎。
打＋了＋(…)＋猎	★	◇他们打了一整天的猎。
打＋名＋猎	★	◇他们高高兴兴地去森林打秋猎了。
打＋的＋猎	○	√我是跟爷爷一起去打的猎。
打＋打＋猎	○	√退休后，他每天的生活就是去山上打打猎，去河边钓钓鱼，很悠闲。

| | dǎ // zhēn 将药剂用注射器注射进人、动物等体内(give or have an injection)：我发烧了，必须～。 |

离析形式	所占比例	例　句
打＋了＋(…)＋针 打了针	★★	◇ 昨天晚上他感冒了，**打了针**却不起作用，今天还是发烧。 ◇ 医生给她**打了针**后，她的精神好多了。
打＋了＋数量＋针		◇ 不一会儿，医生和助手就走了进来，给他**打了一针**。 ◇ 他花1.5元**打了一针**，没几天就好了。 ◇ 王建国**打了几天针**，嗓子还是疼，说不出话来。
打＋一＋针	★★	◇ 这是小病，没什么，**打一针**就好了。 ◇ 医生，明天我还要出差，多给我点儿药吧，或者给我**打一针**。 ◇ 你烧得厉害，我还是给你**打一针**吧。 ◇ 医生每**打一针**她就疯了一样大叫一声。
打＋祂＋(…)＋针 打＋完＋(…)＋针	★	◇ **打完针**他就跑去工作了。 ◇ 我去他办公室的时候，他刚刚**打完针**回来，气色比前几天好多了。 ◇ **打完一针**，他病就好了。
打＋上＋(…)＋针		◇ 他已经在门外等了快一个小时了，还没**打上针**。 ◇ 别担心，你这病**打上一针**就好了。 ◇ 实在不行就去医院**打上一针**吧，再等就厉害了。
打＋过＋(…)＋针 打过针	☆	◇ 他从小身体就好，长这么大，没吃过药，没**打过针**。 ◇ 我认识那个护士，她给我**打过针**。

离析形式	所占比例	例句
打＋过＋数量＋针		◇ 女儿拉肚子，昨天晚上我抱着她去医院**打过一针**，也吃过药，就是没有什么效果。 ◇ 我从小到大只**打过一次针**。
打＋过＋代＋针		◇ 住院之前你**打过什么针**？
打＋数量＋针 打一次针	☆	◇ 发一次高烧就**打一次针**，他最近连打了好几次针了。
打一支针		◇ 他原以为来医院拿点儿药，最多**打一支针**就可以回去的，没想到竟然住了下来。
打＋打＋针	☆	◇ 护士的工作不过是送送药、**打打针**，没什么大不了的。
打＋的＋针	○	√ 刚才是那个护士给我**打的针**。

D 004 带头　dài//tóu 首先行动起来以带动别人（take the lead; set an example）：班长～给灾区捐了钱。

离析形式	所占比例	例句
带＋了＋(…)＋头 带了头	★★★	◇ 他**带了头**，大家都跟着干了起来。 ◇ 大家见他**带了头**，跟着都捐出了自己的零花钱。 ◇ 不知谁**带了头**，大家都唱起这首歌来。
带＋了＋形＋头		◇ 他们在这次工作中**带了好头**，得到了大家的信任。 ◇ 他已经为我们**带了好头**，积累了很多宝贵的经验。 ◇ 他的这种做法给我们**带了好头**。 ◇ 我认为他**带了好头**，应该表扬。

离析形式	所占比例	例 句
带＋了＋量＋头		◇ 班长给我们**带了个头**，我们都要向他学习。 ◇ 看来北京**带了个头**，全国都要跟上了。
带＋了＋数量＋形＋头		◇ 他学习很努力，在同学中间**带了个好头**。 ◇ 内蒙古在这方面已经给大家**带了个好头**。 ◇ 他们的做法为中国体育事业发展**带了个好头**。 ◇ 在这个工程上，新疆**带了一个好头**。 ◇ 大连在全国**带了一个好头**。 ◇ 他们的行动在保护环境方面给大家**带了一个好头**。
带＋量＋(…)＋头 带个头	★	◇ 希望你在这方面继续努力，**带个头**。 ◇ 我们这些老工人更应该做好，给年轻人**带个头**。 ◇ 你愿不愿意和我一起**带个头**啊？ ◇ 王琳，我想让你**带个头**，你看怎么样？
带个好头		◇ 为了给大家**带个好头**，班长上课从不迟到。 ◇ 老师希望他在学习上给大家**带个好头**。
带＋补＋(…)＋头 带＋好＋(…)＋头	☆	◇ 班长要在学习上**带好头**。 ◇ 为了**带好头**，他把抽了几十年的烟戒了。 ◇ 他们保证会努力工作，为新来的人**带好头**。 ◇ 你们班可要给整个年级**带好这个头**啊！

离析形式	所占比例	例　句
带＋的＋头	☆	◇ 你们敢不上课去爬山，是谁**带的头**？ ◇ 是我**带的头**，你别骂他们了。 ◇ 不知谁**带的头**，大家再也不乱扔废纸了。
带＋代＋(…)＋头 带＋这/那＋头	☆	◇ 你是党员，你可不能**带这头**。 ◇ 谁去**带那头**谁就会倒霉。
带＋这/那个＋头		◇ 你不**带这个头**，谁会搬走啊？ ◇ 谁**带那个头**，谁就是在自找麻烦。
带＋过＋头	○	√ 他是班长，可是不管做好事还是坏事，从来没**带过头**。
头…带…	○	√ 你是班长，你这**头**是怎么**带**的？

D 005　待业

dài//yè 等待就业（wait for employment）：A：你现在在做什么工作？B：什么也没做，在家～。

离析形式	所占比例	例　句
待＋过＋业	★★★	◇ 我们毕业后都**待过业**，知道待业的滋味。 ◇ 他**待过业**，修过自行车，现在终于找到好工作了。
待＋着＋业	○	√ 他大学毕业都两年了，还在家里**待着业**呢！ √ 现在很多大学毕业生还**待着业**呢，你高中毕业怎么能找到工作？
待＋了＋(…)＋业 待了业	○	√ 她十八岁从那所中学毕业后，就**待了业**，一直到现在也没找到合适的工作。
待＋了＋数量＋业		√ 他毕业后**待了**几年**业**，就出国了。 √ 咱们厂昨天进的这批工人，听说全是在社会上**待了**几年**业**的初中毕业生。

担心 dān//xīn 不放心(be anxious; feel concerned):别～,我很快就会回来。

离析形式	所占比例	例 句
担+补+(…)+心 担起心来	★★★	◇ 听说这次考试很难,大家都**担起心来**。 ◇ 听说他儿子找不到了,大家都**担起心来**。 ◇ 他**担起心来**,怕自己的女儿真出了事。
担+上+(…)+心		◇ 他一想,又**担上心**了。 ◇ 这些危险的情况让他多**担上**几分**心**。
担在心上		◇ 这样的事,他看在眼里,**担在心上**。
担+着+心	★★	◇ 医生一直为他的病**担着心**。 ◇ 我**担着心**,一句句读着这封信。 ◇ 虽然人很多,可他还是**担着心**,怕出事。 ◇ 虽然很着急,可是他没一点儿办法,只能**担着心**等了。
担+代+心 担+这/那+心	★★	◇ 这事跟你没关系,你有必要**担这心**吗? ◇ 你倒不必**担那心**,我会把事情办好的。
担什么心		◇ 你又**担什么心**哪?
担+这/那+量+心		◇ 我才不**担这个心**呢! ◇ 你大概要替很多人**担这种心**吧? ◇ 你别**担这份心**啦,他才不敢这么做呢!
担+了+(…)+心 担了心	★	◇ 他最后还是回来了,白为他**担了心**。

离析形式	所占比例	例　句
担＋了＋数量＋心		◇ 我那时也确实为他**担**了一阵子**心**。 ◇ 我躺在床上，**担**了一会儿**心**，不知不觉睡着了。 ◇ 叔叔为我们**担**了那么多年**心**，我们不能这么对他。 ◇ 妈妈几乎**担**了一夜**心**，不过好在早上他平安回来了。
担＋数量＋心	☆	◇ 我虽然很为他**担**一份**心**，可是一点儿办法也没有。 ◇ 他喜欢下午吃过饭去看别人赌钱，替别人**担**一阵**心**。
担＋过＋心	○	√ 他很听话，一放学就回家，从来没让父母**担**过**心**。

D 007 当家

dāng//jiā 家里（或工作单位等）的事有决定权，做主（keep house; rule the roast）：我们家现在妈妈～。

离析形式	所占比例	例　句
家…当…	★★★	◇ 我是厂长，这个**家**我**当**了。 ◇ 让工人有**家**可**当**，这样他们才会更积极。 ◇ 这是我的责任，我没把**家当**好。 ◇ 她很能干，这个**家**一定能**当**得下来。 ◇ 你难道连这点儿**家**都**当**不了？
当＋了＋家	★★	◇ 父亲去世后，她**当**了**家**。 ◇ 你都**当**了**家**了，这点儿钱还做不了主啊？ ◇ 看到儿子这么能干，她让儿子**当**了**家**。
当＋补＋家 当好家	★★	◇ 你**当**好**家**就好了，不要担心其他的事情。 ◇ 想**当**好**家**可不容易，你必须时时小心。

离析形式	所占比例	例句
当不了家		◇ 这事，我**当**不了**家**。 ◇ 儿子怕老婆，**当**不了**家**。
当＋数量＋家	★	◇ 既然**当**一份**家**，就一定要当好这份家！ ◇ 你找他吧，老板不在时，他能**当**一多半儿**家**呢！
当＋代＋(…)＋家 当这个家	☆	◇ 你是怎么**当**这个**家**的？怎么可以让这样的事情发生？
当＋着＋(…)＋家	☆	◇ 母亲去世后，她替父亲**当**着半个**家**。

D 008 当面

dāng// miàn（～儿）在面前，面对面（做某件事）(in sb.'s presence)：到底怎么办，咱俩～说清楚。

离析形式	所占比例	例句
当＋着＋(…)＋面 当着面	★★★	◇ **当**着**面**她总是微笑着，不说什么，背后却常常说人坏话。 ◇ 我看，钱的事情还是**当**着**面**说清楚比较好。 ◇ 我不好意思**当**着**面**交给她这封情书，于是就找人代我转交给了她。
当＋着＋名/代＋面		◇ 他**当**着王红的**面**把信撕了。 ◇ 一位哲人曾说过，绝不能**当**着一个女人的**面**夸奖另一个女人。 ◇ 你有什么想法，**当**着我的**面**说没关系。 ◇ 这话你现在敢说，**当**着他的**面**还敢吗？ ◇ 她很坚强，从不**当**着别人的**面**流泪。

离析形式	所占比例	例 句
当＋名/代＋面	★	◇ 她对我说："当男朋友的面，我怎么好意思接前男友的电话？" ◇ 父母竟当朋友面把我批评了一顿，让我很不好意思。 ◇ 他有好几次当我们的面跟他妈妈吵了起来。 ◇ 她当我面，把我送给她的礼物一件件放进箱子里，还给了我。
当＋了＋(…)＋面 当了面	☆	◇ 这个人，当了面客客气气，背后却总是说人坏话。
当＋了＋代＋面		◇ 当了你面，他不好意思说，就告诉了我。

D 009 捣蛋

dǎo//dàn 故意做坏事添乱；无理取闹（make trouble）：他这个孩子，最爱～了。

离析形式	所占比例	例 句
捣＋数量＋(…)＋蛋	★★★	◇ 小孩子，捣几次小小的蛋有什么关系！
捣＋过＋蛋	○	◇ 他这孩子一直很听话，从没捣过蛋。 ◇ 他小时候因为不喜欢隔壁那个小老头，跟他捣过蛋。

D 010 捣乱

dǎo//luàn ① 进行破坏（create a disturbance）：你怎么又在课堂上～？② 故意找人麻烦，扰乱别人（make trouble）：他那么厉害，你怎么敢跟他～啊？

离析形式	所占比例	例 句
捣＋代＋乱 捣他的乱	★★★	◇ 最近他的工作不顺利，他怀疑有人在捣他的乱。

离析形式	所占比例	例　句
捣什么乱		◇ 不去上学，在这儿**捣什么乱**！ ◇ **捣什么乱**呢，过来！ ◇ 你又来跟我**捣什么乱**呢！
捣＋过＋乱	☆	◇ 从那以后，他再也没有跟老师**捣过乱**。
捣＋数量＋乱 捣一回乱	☆	◇ 他想跑到爸爸身边跟爸爸**捣一回乱**，可是还没到爸爸身边，自己先摔了一跤。
捣一顿乱		◇ 他在会上**捣一顿乱**，现在大家都认识他了。

D 011　倒霉

dǎo//méi　遇到事情时不顺利；运气不好（have bad luck）：真～，赶到车站车刚开走。

离析形式	所占比例	例　句
倒＋了＋(…)＋霉 倒了霉	★★★	◇ 今天我真是**倒了霉**了，先是丢了自行车，又丢了手机。 ◇ 你**倒了霉**，来找我干什么？
倒＋了＋数量＋霉		◇ 跟你结婚我**倒了八辈子霉**了。 ◇ 去年他运气不好，**倒了一年霉**。
倒＋了＋形＋霉		◇ 被警察抓住，算他**倒了大霉**※了。 ※倒了大霉：非常倒霉。 ◇ 他真是**倒了大霉**，别人炒股都赚钱，就他一个劲儿赔钱。
倒＋了＋名＋霉		◇ 我今天**倒了血霉**※了，早上起来发现车丢了，晚上下班打车钱包又忘在了出租车上。 ※倒了血（xiě）霉：非常倒霉，倒霉极了。血，表示强烈，程度深。

离析形式	所占比例	例　句
倒＋数量＋霉 倒一辈子霉	★	◇ 我想我不会**倒一辈子霉**的，我不相信命运。
倒点儿霉		◇ 那些考试作弊的学生就是这样，被抓到的**倒点儿霉**，没被抓到的下次还敢抄。 ◇ 生活中吃点儿亏、**倒点儿霉**，这是再正常不过的了。
倒＋形＋霉 倒大霉	☆	◇ 你这样开车，如果遇到警察就**倒大霉**了。 ◇ 你小子不听我的话，还要**倒大霉**！
倒这么大的霉		◇ 吃顿便宜饭，钱包丢了，**倒这么大的霉**，真不值。
倒＋代＋(…)＋霉 倒这霉	☆	◇ 我怎么会**倒这霉**，真郁闷！
倒这种霉		◇ 如果早点儿遇到你，就不会**倒这种霉**了。
倒＋补＋霉 倒透了霉	☆	◇ 今天真是**倒透了霉**，家里被盗，又被老板扣钱。
倒尽了霉		◇ 我今天真是**倒尽了霉**，丢了车，被老板解雇了，回家路上又出了车祸。
倒＋名＋霉 倒血霉	☆	◇ 我今天是**倒血霉**了，刚买的车丢了。
倒＋过＋霉	☆	◇ 那时，山西很多人因此**倒过霉**。

D 012 到期

dào // qī 到了规定期限；到了预定日期（become due）：我借的书～了，必须马上去还。

离析形式	所占比例	例　句
到＋了＋期	★★★	◇我上个月借的书今天已经**到**了**期**，下午我要去还书。
到＋的＋期	○	◇A：这些优惠券还能用吗？ B：不能用了，是八月底**到**的**期**。

D 013 道歉

dào // qiàn 为不适当的行为表示歉意，承认错误（make an apology）：我跟他～了，他也原谅了我。

离析形式	所占比例	例　句
道＋了＋(…)＋歉 道了歉	★★★	◇他知道自己错了，上午向我**道**了**歉**，我们又和好了。 ◇他撞了人家，人家倒跟他**道**了**歉**。 ◇他已经给你**道**了**歉**了，你就不要生气了。 ◇你已经为以前的错**道**了**歉**，我也就不再恨你了。
道＋了＋数量＋歉		◇最后，他为摔水杯这件事给大家**道**了一个**歉**。 ◇虽然他已经**道**了无数次**歉**，可是女朋友还是不理他。
道＋量＋歉 道个歉	★★	◇他说他对不起你，想当面跟你**道**个**歉**。 ◇你替我跟他们**道**个**歉**吧。 ◇**道**个**歉**有这么难吗？你赶紧去吧！ ◇赔钱倒不用了，**道**个**歉**就行了。

离析形式	所占比例	例 句
道＋代＋歉 道什么歉	★	◇ 不过是件小事，道什么歉啊？ ◇ 你们俩的事跟我道什么歉啊？
道＋过＋歉	☆	◇ 我已经道过歉了，她现在也不生气了。 ◇ 他从来没跟我道过歉。 ◇ 他已经跟我正式道过歉了，我还有什么好说的？
道＋数量＋歉 道一次歉	☆	◇ 她是你女朋友，你给她道一次歉丢什么脸啦？
道声歉		◇ 你怎么这么不懂事，快给妈妈道声歉去！
道＋着＋歉	☆	◇ 他连连向女朋友道着歉，可是他女朋友看都不看他一眼。 ◇ 他嘴上跟爸爸道着歉，心里却一百个不服气。
道＋动＋歉	☆	◇ 他赶紧给女朋友道自己迟到的歉，生怕女朋友生气。
道＋的＋歉	○	√ 他妈妈亲自带着他到我家道的歉，所以我就原谅了他。
道＋道＋歉	○	√ 你去跟她说说好话、道道歉，她就会原谅你了。

D 014 登记

dēng//jì 把有关事项记下来以备查或备忘（register; check in）：我们俩要结婚了，下个月就去～。

离析形式	所占比例	例　句
登＋了＋记	★★★	◇ 他跟女朋友没认识几天就登了记，结了婚。 ◇ 到北京之后，我们到一家旅馆登了记，把东西放到房间就去了故宫。 ◇ 他在护士那里登了记之后，就坐在一边等了。 ◇ 在美国，不是所有的持枪者都登了记。
登＋量＋记 登个记	☆	◇ 你先带他们到旅馆登个记。 ◇ 需要课本的人可以先到我这里登个记。 ◇ 这事着什么急，登个记还不简单？
登＋过＋记	☆	◇ 你们登过记，就算合法夫妻了。 ◇ 你有没有在这个协会登过记？
登＋补＋记 登完记	☆	◇ 我妈说登完记咱俩才算真正结了婚。
登不上记		◇ 你一个人去是登不上记的，必须跟你的女朋友一起去。

D 015 登陆

dēng//lù 渡过海洋、江河后，登上陆地（land; disembark）：在船上生活三天了，今天终于可以～了。

离析形式	所占比例	例　句
登＋了＋陆	★★★	◇ 如果敌人在这里登了陆，那我们就没办法了。 ◇ 台风昨天晚上登了陆。 ◇ 听老王这么一说，她像登了陆的鱼，只是张嘴，没有声音。

离析形式	所占比例	例 句
登＋过＋陆	○	√他们从没在这里登过陆。
登＋的＋陆	○	√他们是在这里登的陆。

D 016 定性

dìng//xìng 确定物质、事件等的性质（determine the nature of an offence or a case）：你不能凭这件事就给他～。

离析形式	所占比例	例 句
定＋了＋性	★★★	◇虽然你这次得了冠军，但是这并不意味着从此就**定了性**，成为永久的冠军。 ◇公安局已经给他的这种行为**定了性**，他这是在诈骗。 ◇他的评论给这部文学作品**定了性**，是对农民的一种歧视。
定＋的＋性	☆	◇照公安局给这类问题**定的性**，我们这样做不算犯罪。
定＋过＋性	○	√以前从来没有人给这种物质**定过性**，最近才有人说它是一种碳。
定＋补＋性 定不了性	○	√找不到证据，他的这种行为就**定不了性**。

D 017 丢人

diū//rén 丢脸，为做了不争光的事而不好意思（make a fool of oneself; lose face）：妈妈说我没考上大学，给她～了。

离析形式	所占比例	例 句
丢＋补＋(…)＋人 丢＋不起＋这个/那个＋人	★★★	◇妈妈喊道："偷东西这种事你都做得出来，我们可**丢不起这个人**。" ◇我才不去问他要那一块钱呢，我可**丢不起这个人**，他不还就算了。

离析形式	所占比例	例句
丢尽了人		◇ 大学毕业了还让我跟你去市场卖猪肉，我可**丢不起**那个人。 ◇ 女儿因为偷东西进了监狱，妈妈觉得**丢尽了**人。
丢透人		◇ 考试考五个零分，真是**丢透**人了。
丢＋了＋(…)＋人 丢了人	★★	◇ 老头子半年没有出门了，他觉得女儿没考上大学给他**丢了**人了。 ◇ 没找到好的工作，总是觉得**丢了**人，头也抬不起来。
丢＋了＋名/代＋人		◇ 他觉得这样做**丢了**父亲的人。 ◇ 因为偷窃被警察抓走，他真是**丢了**全家的人。
丢＋了＋形＋人		◇ 在众人面前谎言被戳穿，她觉得**丢了**大人了。
丢＋代＋人	★	◇ 那些保守的长辈都反对我和男孩儿一起跳舞，说很丢人。奇怪！我跳舞，**丢**谁的人了？ ◇ 我不去干这种犯法的事，我不想**丢**这个人。
人…丢…	★	◇ 在那么多人面前出了错，真是把人**丢**尽了。 ◇ 苦能受，累能受，这人可**丢**不起啊。 ◇ 离婚？这人**丢**得起吗？
丢＋的＋(…)＋人 丢的什么人	☆	◇ 我没有偷没有抢，**丢**的什么人？
丢＋数量＋人 丢一份人	☆	◇ 别说了，你多说一会儿我就多**丢**一份人。

离析形式	所占比例	例句
丢＋形＋人 丢大人	☆	◇说了半天大话，如果做不到，就**丢大人**了。

D 018 懂事

dǒng//shì 明白事理；了解别人的意图（be sensible; be intelligent）：做完作业还帮妈妈干活儿，这孩子真～。

离析形式	所占比例	例句
懂＋量＋(…)＋事 懂点儿事	★★★	◇我家那孩子现在终于**懂点儿事**了，知道好好学习了。 ◇你别自己去，找个**懂点儿事**的人跟你一起去吧。
懂个屁事		◇他跟个孩子似的，**懂个屁事**※啊！ ※懂屁事：不懂事的意思，在批评或者骂人时用的非礼貌用语。
懂＋了＋(…)＋事 懂了事	★★★	◇这孩子，今天不知怎么突然**懂了事**，帮妈妈干了一上午家务。
懂＋了＋数量＋事		◇后来我**懂了点儿事**的时候，我才觉得妈妈的话是有道理的。
懂＋了＋形＋事		◇他怎么在一夜之间**懂了这么多事**？
事…懂…	★★	◇她已经21岁了，什么事都懂了。 ◇他还是个孩子，什么事都不懂。
懂＋代＋事	★★	◇他**懂什么事**啊，整天不写作业也不回家。

| D 019 动身 | dòng//shēn 出发、上路；启程（set out on a journey）：我们明天早上就~去北京。 |

离析形式	所占比例	例　句
动＋了＋身	★★★	◇ 其实我一大早就**动**了**身**，可是路上堵车，所以来晚了。 ◇ 他们已经从伦敦**动**了**身**。 ◇ 人们见他们**动**了**身**，也纷纷回到了船上。
动＋补＋身 动不了身	★★	◇ 因为没钱，我迟迟**动**不了**身**。
动＋的＋身	★	◇ 我是今天中午**动**的**身**。

| D 020 动手 | dòng//shǒu ① 开始做，着手做（start to work）：早点儿~早点儿完。② 打人（hit out）：你们好好说，千万别~。 |

离析形式	所占比例	例　句
动＋补＋手 动起手来	★★★	◇ 说干就干，大家立刻**动起手来**开始做实验。 ◇ 大家看老板**动起手来**打扫办公室，也都跟着干了起来。 ◇ 说起来简单，真要**动起手来**，还需要花很多时间和精力呢。 ◇ 如果因为这点儿小事双方**动起手来**，也太不值了。 ◇ 一个大学教授居然跟人**动起手来**，真是让人不敢相信。 ◇ 两个人越闹越凶，最后竟然**动起手来**。 ◇ 她这个人，打人**动起手来**没轻没重，你别去惹她。

离析形式	所占比例	例　句
动上手		◇ 你快回家吧，你妻子和你哥哥**动**上**手**啦！ ◇ 他这人很蛮横，一跟人**动**上**手**总要分出个你死我活。 ◇ 他要是跟你**动**上**手**，我们不会不管的。
动不成手		◇ 科技馆里，那些没抢到位置的孩子**动**不**成手**，做不了实验，只好在一边看着。
动不了手		◇ 这个活儿我一个人**动**不了**手**，你过来帮我一下。
动不起手		◇ 他脾气很好，从来没生过气，他跟你**动**不起**手**。
动＋了＋手	★	◇ 你们居然为这种事**动**了**手**，真可笑。 ◇ 父亲气坏了，第一次对我**动**了**手**。 ◇ 因为房子的问题，他跟邻居吵了起来，还**动**了**手**。 ◇ 课外活动不仅让孩子们**动**了**手**，更让他们学到了很多生活小常识。
动＋过＋手	★	◇ 他从没跟女人吵过架，**动**过**手**。 ◇ 他这辈子，从来没跟人吵过架、**动**过**手**。 ◇ 这次打架，**动**过**手**的全部被学校处分了。
动＋的＋手	★	◇ 这次打架哪个先**动**的**手**？站出来！ ◇ 你说你没动手，那你说说是谁**动**的**手**。 ◇ 这件事其实是我**动**的**手**，不过是他逼我这么做的。
动＋动＋手	☆	◇ 家里大小事都需要他操心，有时还要**动动手**。 ◇ 箱子、柜子，还有这张桌子，都该**动动手**修理修理啦。

离析形式	所占比例	例　句
动＋代＋手 动什么手	☆	◇ 我已经受伤了，还**动什么手**，你们干吧！
动＋数量＋手 动一下手	☆	◇ 我们在这儿都忙死了，你也**动一下手**好不好？

D 021　读书

dú // shū 指上学（attend school）：当时我还在大学里～，一点儿工作经验都没有。

离析形式	所占比例	例　句
读＋了＋(…)＋书 读了书	★★★	◇ 难道你上了学，**读了书**就可以看不起没读书的人了吗？ ◇ 因为他**读了书**，所以说话办事挺斯文的。 ◇ **读了书**的人不认识一个字，这怎么可能？
读＋了＋数量＋书		◇ 他**读了一辈子书**，学了一辈子习。 ◇ 我从小到大一共**读了四年书**。 ◇ 因为家里穷，他只**读了几个月书**就辍学了。 ◇ 他的论文没有通过，延期了半年毕业，等于比大家**多读了半年书**。 ◇ 你以为你**读了几句书**就了不起了啊？ ◇ 这不是一个**读了许多年书**的人想做的事。
读＋过＋(…)＋书 读过书	★★	◇ 我们在同一个小学**读过书**。 ◇ 他说他从没**读过书**，不会写自己的名字。

离析形式	所占比例	例　句
		◇你跟一个没读过书的人讲这些，他很难理解的。 ◇他回家时路过了自己曾读过书的中学，想起了很多事情。
读＋过＋数量＋书		◇他只读过一点点书。 ◇他在香港读过几年书，学了一口的香港话。 ◇他在大学读过三年书，学到了不少东西。 ◇他从没读过半句书，却想找这样的工作，怎么可能？ ◇家里没钱让我们上学，仅读过一年书的父亲充当了我们的家庭教师。
读＋过＋代＋书		◇我没有读过多少书，可能这样的工作做不了。 ◇对于这个没读过多少书的姑娘来说，美貌是她的唯一资本。 ◇大家都没想到，他居然败在了一个没读过什么书的女人手里。 ◇他没有读过什么书，可是写起文章来连大学生也比不过。
读＋过＋形＋书		◇他用自己的魅力征服了这个读过洋书的姑娘。
书…读…	★★	◇父亲觉得书读多了没什么用，不如回家早些挣钱好。 ◇他打游戏上了瘾，书也不读了。 ◇爷爷一天书也没读过，可是懂的却不少。 ◇你多幸福啊，有饭吃，有书读。 ◇这么多年的书你白读啦？连这个道理都不懂？

离析形式	所占比例	例　句
读＋数量＋书	★★	◇ 听老师一席话，真是胜**读十年书**啊！ ◇ 妈妈说她还小，想让她再**读几年书**再考虑结婚的事。 ◇ 你这么做，等于比别人要多**读半年书**。 ◇ 奶奶说女孩子**读点儿书**、识点儿字就行了，上那么多学没用。 ◇ 他决定先出去挣钱，再用挣来的钱去**读点儿书**。 ◇ 为了让孩子们多**读些书**，父亲拼命工作。
读＋补＋书 读不起书	★★	◇ 那时候家里没钱，**读不起书**。 ◇ 他发了财，给那些因为家里穷而**读不起书**的孩子们捐了很多钱。
读上书		◇ 后来家里的情况慢慢好了起来，他才吃上了饭、**读上了书**。 ◇ 为了能让更多的孩子**读上书**，他花了不少心思和精力。
读不成书		◇ 仗打得这么厉害，你是**读不成书**的，快回家吧。
读多了书		◇ 他总觉得人**读多了书**就会变得死板，所以怎么也不肯再读下去了。
读完书		◇ 他在美国**读完书**后，就回到了中国。
读好书		◇ 他整天不是想着怎么**读好书**，而是想着怎么打好游戏。
读＋形＋书	★	◇ 他反对造成学生**读死书**※的教育。 ※读死书：死板地读书，只读书不懂得实践。 ◇ 逼迫学生**读死书**的学校还有很多。 ◇ 奶奶说女孩子**读那么多书**没用。

离析形式	所占比例	例　句
读+什+书	☆	◇快要没饭吃了，还读什么书？ ◇你读你的书，我做我的生意，咱俩谁也不要干涉谁。
读+着+书	☆	◇我现在还读着书呢，不想考虑结婚的事。
读+的+书	☆	◇A：你读的书多不多？ 　B：不多，就读过五年。

D 022 对头

duì // tóu 正确，没有错误；合适（be correct; be right）：方法～，效率就高。

离析形式	所占比例	例　句
对+了+头	★★★	◇现在，国家的政策对了头，农民就更积极啦！ ◇全靠政策对了头，我们才过上了好日子。 ◇一张纸就只几行字，没有几个写对了头。
对+过+头	○	√他的学习方法从没对过头，所以成绩一直很差。

F

F001 发炎

fā//yán 身体的某部位因为外伤、出血或感染出现红、肿、热、痛、痒等现象（inflame）：我的耳朵～了，想去看医生。

离析形式	所占比例	例句
发＋了＋炎	★★★	◇他的伤口已经**发了炎**，再不去医院就麻烦了。
发＋们＋炎	★★★	◇A：小心你的伤口别发炎啊！ B：我这么小心，会**发什么炎**？你放心吧。
发＋过＋炎	○	√我的嗓子**发过炎**，我知道该吃什么药。
发＋着＋炎	○	√你伤口还**发着炎**呢，不能碰水，别去游泳了。
发＋的＋炎	○	√我的嗓子是三天前**发的炎**，不过现在已经好了。

F002 翻身

fān//shēn 比喻改变落后的面貌或不利的处境（change to favourable conditions; improve dramatically）：只有进行改革，我们公司才能～。

离析形式	所占比例	例句
翻＋了＋身	★★★	◇同古代相比，现在的妇女地位提高了，可真是**翻了身**。 ◇农民现在**翻了身**，一年比一年富裕了。 ◇他领导人民在经济上、政治上**翻了身**。

69

离析形式	所占比例	例 句
		◇ 他这次养猪正好碰上肉价上涨，赚了很多钱，经济一下子**翻**了**身**。 ◇ 他一直被大家欺负，今天没人敢欺负他了，可算**翻**了**身**。
翻＋补＋身 翻过/不过身来	★★	◇ 刚还完赌债**翻过身来**的刘宁又开始赌钱了。 ◇ 记者采访了一家刚刚**翻过身来**的小公司的老板。 ◇ 企业被沉重的负担压得**翻不过身来**。 ◇ 你考虑清楚了，如果不成功，可能你十年也**翻不过身来**。
翻不了身		◇ 如果不在质量上下功夫，你们公司恐怕永远**翻不了身**了。 ◇ 这样输下去会让你**翻不了身**的。
翻＋量＋身 翻个身	☆	◇ 他保证说要三年彻底改变第23中学的落后面貌，六年大见成效**翻个身**。
身…翻	☆	◇ 党领导我们把**身翻**，我们应当时刻牢记！

F003 防汛

fáng//xùn 在汛期采用一些方法，防止出现水灾（prevent or control flood）：王市长亲自指导了这次长江～工作。

离析形式	所占比例	例 句
防＋形＋汛 防大汛	★★★	◇ 最近雨水特别多，我市已经做好了**防大汛**的准备。 ◇ **防大汛**、救大灾是我县夏季工作的重点。

F 004 防疫	fáng//yì 防止、控制、消灭传染病（prevent or control epidemic）：洪水过后要做好～工作。		
离析形式	所占比例	例 句	
防＋数量＋疫	★★★	◇每次洪水过后都要**防**一回**疫**。	

F 005 放假	fàng//jià 在规定的日期停止工作或学习；度过假期（have a holiday or vacation）：明天就～了，我想跟同学一起去旅行。	
离析形式	所占比例	例 句
放＋了＋(…)＋假 放了假	★★★	◇快过年了，好多地方都**放了假**。 ◇春节期间，这家医院除了几个医生和护士，其他人都**放了假**。 ◇妈妈在家时，我们都乖乖地写作业，妈妈一走，我们就**放了假**，可以痛痛快快玩儿了。 ◇我最近还有很多事情要做，等**放了假**再去吧！
放＋了＋数量＋假		◇我们去年**放了**三天**假**，不知道今年怎样。 ◇前一段因为这个工程，我们连着工作了半个月，后来公司给大家补**放了**四天**假**。
放＋了＋代＋数量＋假		◇今天老板不在，我也**放了**自己一天**假**。
放＋(名/代)＋数量＋(…)＋假 放＋数量＋假	★★	◇这次春节我们不仅要发很多东西，还要**放七天假**呢！ ◇每年三月八日妇女节，公司都要给女职工**放半天假**。
放＋量＋假		◇好不容易**放个假**，得轻松一下了。

离析形式	所占比例	例句
放+数量+形+假		◇今年我要给自己**放**一个长**假**，好好调整一下自己。 ◇快到新年了，听说公司要**放**一个长**假**，真的还是假的？
放+名/代+数量+假		◇学校打算**放**学生半天**假**，让他们庆祝这件事。 ◇如果做得快，老板说不定会**放**我们半天**假**。 ◇**放**你半个月**假**，回家好好准备准备吧！
放+的+假	★	◇我们去年1月20号**放**的**假**。
放+补+假 放完假	☆	◇刚**放完假**回到学校，同学们很难一下子适应紧张的学习生活。
放+过+假	○	√春节的时候我们公司特别忙，所以我们春节从没**放过假**。
假…放…	○	√**假**还有三天就**放**完了，可是女儿的暑假作业还有一堆没做完，你说我能不生气吗？

F 006 放手 fàng//shǒu 解除限制，打消顾虑去做事（let go; remove one's control）：你~干吧，我们都支持你！

离析形式	所占比例	例句
放+补+手 放开/不开手	★★★	◇你不**放开手**，反而处处限制孩子，孩子怎么能自由发展呢？ ◇我的篮球老师经常鼓励我，让我不要担心，**放开手**打。

离析形式	所占比例	例句
		◇ 听学生家长这么说，我就可以**放开手**管孩子们了。 ◇ 他虽然很有能力，但是做什么事总是**放不开手**，好像有什么担心的事情，不敢创新。
放+了+手	○	√ 看到女儿长大了，她终于**放了手**，让孩子更加自由地发展。
放+过+手	○	√ 虽然孩子已经十八岁了，可他还是不放心，从没对孩子**放过手**。

F007 放心

fàng//xīn 心情安定，不忧虑、担心（set one's mind at rest）：你只管～，出不了错。

离析形式	所占比例	例句
放+下+心 放下心（来/去）	★★★	◇ 她一直担心这件事，我应该怎么跟她说，她才能**放下心**呢？ ◇ 紧张了这么长时间，终于能**放下心来**了。 ◇ 直到李刚说明了情况，没有问题，她才**放下心去**。
放+下+(…)+心		◇ 六天的交往，他感觉对方是一个可靠的人，这才**放下了悬着的心**。 ◇ 接到医院的电话，听说妈妈的身体没什么大问题，他才**放下那颗悬挂的心**。 ◇ 看到丈夫安全到家，林梅终于**放下了忐忑不安的心**。 ◇ 看到自己被录取了，李平才**放下了那颗怦怦跳的心**。 ◇ 这下我可以**放下一半心**了。

离析形式	所占比例	例句
放＋宽＋(…)＋心		◇ 孩子有自己的想法，我劝你还是**放宽心**※吧！ ※放宽心：不必过于担心，完全可以放心。 ◇ 你**放宽心**，找到住的地方我就来接你。 ◇ 听他这么一说，我们全家**放宽了心**。 ◇ 孩子找到了，老师们才**放宽了点儿心**。
放＋得下/不下＋(…)＋心		◇ 孩子这么小就离开家，父母怎么能**放得下心**？ ◇ 他喜欢上了这个让人**放得下心**的学生。 ◇ 不见一面，他一辈子**放不下那颗心**。
放＋不了＋心		◇ 儿子一人在家，她总**放不了心**。 ◇ 这个让人**放不了心**的小女儿，是他最大的心病。
放＋了＋(…)＋心 放了心	★★	◇ 听说孩子安全回来了，大家才都**放了心**。 ◇ 听到母子平安的消息，他彻底**放了心**。 ◇ 这个平安电话使我**放了心**。
放＋了＋数量＋心		◇ 周经理听了小王的报告，感觉事情不严重，也就**放了一半心**。 ◇ 我要是知道这些，早**放了一百二十个心**了。 ◇ 看到儿子没事，她才**放了点儿心**。 ◇ 听到这个好消息，大家多少**放了些心**。
心…放…	★	◇ 老李**心放下了**，也能睡着觉了。 ◇ 听完报告，厂长的**心这才放下了**。 ◇ 医生说还有希望，要他把**心放宽**。 ◇ 我已经告诉你好几遍了，把**心放进肚子里**！ ◇ 质量好了，老百姓才能把**心放回原处**。

离析形式	所占比例	例 句
		◇看到自己的分数,他那颗怦怦跳的**心**终于**放**了下来。 ◇一听说儿子要去国外,母亲的**心放**不下去了。
放＋数量＋**心** 放一百个心	☆	◇这件事交给我,您就**放一百个心**吧。
放一百二十个心		◇这种产品质量很好,是让人**放一百二十个心**的产品。
放一千个心		◇你**放一千个心**吧,不会有事的。
放一万个心		◇出了事我负责,您就**放一万个心**吧。
放(一)点儿心		◇你妈过去照顾你,我才能**放一点儿心**。 ◇看到这个新闻,我也**放点儿心**了。
放些心		◇看到她病好了,大家都**放些心**了。
放＋**过**＋**心**	☆	◇周莹整天不学习,从没让母亲**放过心**。 ◇自从李林去了广州,他妈妈就没**放过心**。
放＋**着**＋**心**	☆	◇我跟他没有关系,你就**放着心**吧。 ◇她当家,母亲**放着心**呢。

F 008	放学	fàng//xué 学生上完课后离开学校(classes are over; dismiss class):上了一天的课,我们终于～了。

离析形式	所占比例	例 句
放＋了＋学	★★★	◇今天不知怎么回事,学校下午三点就**放了学**。 ◇他**放了学**后常到操场打篮球。 ◇现在的孩子**放了学**也不能出去玩儿,有很多功课要做呢! ◇**放了学**的孩子们像小鸟一样飞出了校园。

离析形式	所占比例	例 句
放＋名＋学	★	◇ 已经**放早学**※了，你怎么还不去吃饭？一会儿要上课了。 ※放早学：结束了早晨的学习。 ◇ 他**放午学**※回家还要给奶奶做饭。 ※放午学：中午放学。 ◇ 我们**放晚学**※时已经九点十分了。 ※放晚学：晚上放学。
放＋代＋(数量)＋学	☆	◇ 已经到放学时间了，老师怎么还不**放**我们**学**？ ◇ 明天中秋节，学校**放**我们一天**学**。
学…放…	☆	◇ **学**早**放**了，可是人现在还没回来，估计又跟同学出去玩儿了。
放＋的＋学	○	√孩子是五点半**放的学**，可是现在都九点了，还没回来呢。

F 009 分红

fēn//hóng 企业分配盈余；股份公司分配利润（share out bonus）：今年公司赚了很多钱，听说年底要给大家～。

离析形式	所占比例	例 句
分＋数量＋红 分点儿红	★★★	◇ 如果今年公司发展得好，年终就可以多**分点儿红**。
分＋了＋红	○	√别的公司早**分了红**了，我们公司还没动静呢！
分＋过＋红	○	√我买的这种基金从没**分过红**，所以我打算把它卖了。
分＋的＋红	○	√我们公司去年是十二月底**分的红**，不知道今年什么时候分红。

| F 010 | 分期 | fēn//qī 把一件事分为几个时期、几个阶段来完成（do sth. by stages）：一次做不了，可以~来做。 |

离析形式	所占比例	例 句
分＋[数]＋期	★★★	◇ 这个大工程是**分三期**完成的。 ◇ 政府准备**分两期**建设这段地铁。 ◇ 银行决定**分两期**共投资1000万人民币给这家公司。 ◇ 整个旅游开发工程**分两期**在5年内完成。
分＋[补]＋(…)＋期 分＋为＋[数]＋期	★	◇ 我们把人的一生**分为七期**。 ◇ 这个工程太大了，只能**分为两期**来做。
分＋成＋[数]＋期		◇ 这种病大体可以**分成三期**：早期、中期和晚期，你这属于早期，没有什么大问题的。
分＋[形]＋期	☆	◇ 那笔钱是我父亲**分很多期**一点儿一点儿还清的。

G

G 001 干杯

gān//bēi 把杯中的酒全部喝完、碰杯（多用于劝人喝酒时或庆祝时）(drink a toast)：为了我们的友谊，～！

离析形式	所占比例	例　句
干＋数＋杯	★★★	◇来，我们共同干一杯。 ◇我建议为我们公司的进步干一杯。 ◇您现在升了职值得庆贺，我们干一杯！ ◇老夏，初次见面，咱们干一杯。 ◇他毫不犹豫地连干三杯。
干＋了＋(…)＋杯 干了杯	★★	◇先干了杯再说吧。
干＋了＋数＋杯		◇从未喝过酒的小立也兴奋地干了一杯。 ◇四个人几年没见，连着干了四杯。 ◇干了几杯之后，他觉得有点儿不对劲了，一个劲儿地想往地上倒。 ◇干了第二杯后，他就有点儿醉了。
干＋了＋代＋(…)＋杯		◇来，来，来，干了这杯。 ◇我先生有点儿醉了，让我替他干了这一杯吧。 ◇让我们干了这最后一杯。
干＋补＋(…)＋杯 干完杯	☆	◇没想到，他干完杯就忘了我们的约定。
干＋掉了＋(…)＋杯		◇他话也没说，就干掉了一杯。

离析形式	所占比例	例 句
干＋过＋(…)＋杯	☆	◇小宾爱喝酒，可是还从来没有跟外国人干过一次杯呢，今天是第一次。

G002 搞鬼

gǎo // guǐ 暗中使用不正当手段阻碍事情顺利开展（play tricks; scheme in secret）：别信他的话，他肯定又在～。

离析形式	所占比例	例 句
搞＋代＋鬼 搞什么鬼	★★★	◇最近单位的气氛很不好，他又搞什么鬼了？ ◇一接到电话就往办公室外面跑，你究竟在搞什么鬼？ ◇我要看看你们在搞什么鬼。 ◇他们俩上了年纪，都很糊涂，哪里知道孩子们搞什么鬼？
搞这鬼		◇您不想听听田强为什么要在背后搞这鬼吗？
搞＋的＋鬼	★★	◇这完全是她搞的鬼，大家千万别再相信她了。 ◇有好多情况都是他们搞的鬼，据说他们靠这个骗了不少钱。 ◇坏人查出来了，这下大家都清楚是谁搞的鬼了。
搞＋了＋鬼	★	◇很显然他在这件事上搞了鬼。
搞＋数量＋(…)＋鬼 搞些什么鬼	☆	◇奶奶有些怀疑了，这些孩子们在搞些什么鬼啊？
搞＋过＋鬼	○	√我看这封信已经被他们搞过鬼了，因为老张从来不会用这种语气给我写信。

离析形式	所占比例	例句
搞＋补＋鬼 搞不了鬼	○	√你放心吧，这件事我负责，谁也**搞不了鬼**。
搞＋搞＋鬼	○	√他这个人，总爱**搞搞鬼**、耍耍人，大家都不喜欢他。

G 003 告状

gào//zhuàng ① 向司法机关请求审理某一案件（bring a lawsuit；sue）：不行咱就去法院～。② 向某人的上级或者长辈诉说自己或别人受到这个人的欺负或不公正待遇（lodge a complain against sb.）：就这点儿小事，干吗跟领导～？

离析形式	所占比例	例句
告＋名/代＋(…)＋状 告＋名/代＋状	★★★	◇如果顾客不满意，可以去**告**商场**的状**。 ◇几乎每天都有人**告**林强**的状**，但是老师还是不怎么管他。 ◇他是老板，谁会**告他的状**呢？ ◇哥哥把**告我状**的那些人打了一顿。
告＋名/代＋数＋状		◇管它真的假的，**告**李明**一状**再说。 ◇你怎么动不动就**告人一状**啊？ ◇像这种人，就该去**告他一状**。
告＋了＋(…)＋状 告了状	★★★	◇她向老板**告了状**，说办公室里有人欺负她。 ◇他知道有人因为这件事**告了状**，可是他根本不在乎。 ◇这种情况，你**告了状**也没什么用，反而给自己找很多麻烦。

离析形式	所占比例	例　句
告＋了＋[名]/[代]＋状		◇ 原来是你**告了**校医院**的状**啊！ ◇ 老板骂了我一顿，不知道是谁**告了我的状**。 ◇ 他说王明向学校领导**告了自己的状**，但是没人相信他。
告＋了＋[数量]＋状		◇ 最近他不知道怎么了，连着去法院**告了三状**，听说还要告呢！ ◇ 因为这件事，我**告了几年状**，现在终于告赢了。 ◇ 在这期间，王欢茹一家又一连去北京**告了两次状**。
告＋了＋[名]/[代]＋[数]＋状		◇ 没想到他们不但不感谢我，反而**告了我一状**。 ◇ 他到老板那里**告了我们部门一状**。 ◇ 我偷偷向王强的妈妈**告了他一状**。
状…告…	★	◇ 听说这一**状告**到了经理那里。 ◇ 结果，不仅这**状**没**告**成，还损失了不少钱。 ◇ 据说他的**状告**赢了。
告＋的＋状	☆	◇ 后来大家才知道是林秋**告的状**。 ◇ 我一定要查出是谁**告的状**。
告＋过＋(…)＋状	☆	◇ 她向我妈妈**告过我的状**，现在我还在恨他呢！
告＋[数量]＋状 告一次状	○	√ 他费了这么大劲，就是要为了死去的儿子到北京**告一次状**。

G 004 鼓掌

gǔ//zhǎng 两手互拍以表示赞同、认可、欢迎等（clap one's hands; applaud）：领导进来时，大家热烈～欢迎。

离析形式	所占比例	例　句
鼓＋补＋掌 鼓起掌来	★★★	◇ 庆祝大会上，我的话音刚落，大家就**鼓起掌来**。 ◇ 看到这一感人的场面，许多旅客为张海燕**鼓起掌来**。 ◇ 我们听了这个好消息之后都高兴地**鼓起掌来**。 ◇ 大家被这美妙的歌声感染了，不约而同地随着节拍**鼓起掌来**。 ◇ 他讲的笑话太好笑了，大家都乐得**鼓起掌来**。
鼓起了掌		◇ 毕业典礼上，在场的师生一起**鼓起了掌**。 ◇ 余校长带头**鼓起了掌**，检查团的成员也都鼓了掌。 ◇ 掌声把他吵醒了，他赶紧跟着大家**鼓起了掌**。
鼓起掌		◇ 钢琴声停后，大家纷纷**鼓起掌**，庆祝演出成功。 ◇ 两边一千多观众同时**鼓起掌**，个个笑容满面。 ◇ 大家都**鼓起掌**欢迎她们说笑话。
鼓完了掌		◇ **鼓完了掌**才发现问题没有解决。
鼓＋了＋(…)＋掌 鼓了掌	★	◇ 大家也都为他的这种行为**鼓了掌**。 ◇ 那天所有人都给他**鼓了掌**。

离析形式	所占比例	例句
鼓＋了＋数量＋掌		◇ 他跟着大家**鼓了**两**掌**，就又睡着了。 ◇ 昨天看话剧，**鼓了**一晚上**掌**，手都拍疼了。 ◇ 听说那场话剧很精彩，大家一共**鼓了**67次**掌**。 ◇ 在老师的带领下，他们才勉强**鼓了**几下**掌**，太没礼貌了。 ◇ 不知谁先**鼓了**一声**掌**，大家都跟着鼓了起来。 ◇ 他被观众**鼓了**几声**掌**就觉得自己了不起了，是大明星了。
鼓了鼓掌		◇ 他冲我**鼓了鼓掌**，祝贺我又考了第一名。
鼓＋着＋(…)＋掌 鼓着掌	★	◇ 大家听到这个好消息，都从座位上站起来，兴奋地**鼓着掌**。 ◇ 大家**鼓着掌**欢送她。 ◇ 总统高兴地**鼓着掌**走上舞台接见演员，说这是一出难得的好戏。 ◇ 大家和舞台上的歌手一起**鼓着掌**打起了拍子。
鼓＋着＋形＋掌		◇ 看到实验终于完成了，大家**鼓着**胜利的**掌**，庆祝这个伟大的成功。
鼓＋数量＋掌	☆	◇ 校长每念一个人的名字，大家都**鼓**一次**掌**。 ◇ 谁听了这样的话，都会客气地**鼓**一下**掌**，他们却什么反应也没有，太没礼貌了。 ◇ 虽然他的演讲不怎么精彩，大家还是应该给他**鼓**几下**掌**。
鼓＋形＋掌 鼓倒掌	☆	◇ 很多不满意这个决定的人当场**鼓倒掌**※、吹口哨，还有人干脆退了场。

离析形式	所占比例	例句
鼓反掌		◇他的这条所谓经验引起哄堂大笑，有喝倒彩的，有鼓反掌※的。 ※鼓倒掌、鼓反掌：不满意时鼓掌，从而刺激表演的人。
鼓+过+掌	○	√他觉得他表演得非常好，但是从没有人为他鼓过掌，这让他很伤心。
鼓+的+掌	○	√我们都是为她鼓的掌，又不是为你，你高兴什么？

G 005 挂钩 guà∥gōu 比喻建立或取得某种联系（link up with; establish contact with）：这两个部门早～了。

离析形式	所占比例	例句
挂+起+钩 挂起钩来	★★★	◇企业经营得好坏直接与经营者的利益挂起钩来，这样才能收到意想不到的效果。 ◇现在很多广告把考试成绩好坏和吃某种牌子的营养品挂起钩来，这样对学生以及家长有很大误导性。 ◇把产品质量和职工收入挂起钩来，是提高产品质量最有效的办法。 ◇他始终没有把这些三流的小说跟文学挂起钩来。
挂上了钩		◇在这件事上找到了生财的诀窍之后，他又赶紧与另一位房地产商挂上了钩。 ◇他凭借手中的权力，与几家杂志社、出版社挂上了钩，两年内出了三部书。 ◇现在几乎所有的行业都和计算机挂上了钩。

离析形式	所占比例	例　句
挂上钩		◇ 现在只要与皇帝**挂上钩**的书，不愁卖不出去。 ◇ 人的能力和对社会的贡献应该和他所得的报酬**挂上钩**。 ◇ 眼前的这一幕幕，很难与"农民"两字**挂上钩**。
挂得上钩		◇ 只要与个人利益**挂得上钩**的事情，就容易斤斤计较。
挂+了+钩	☆	◇ 这里的老板与美术学院的学生**挂了钩**，好一点儿的字画、工艺品都帮他们销售。 ◇ 目前，这个村已和很多批发市场**挂了钩**，水果蔬菜销售一直不错。 ◇ 他们同一家公司**挂了钩**，给这家公司的员工送午餐。
挂+量+钩 挂个钩	☆	◇ 他这次来，一是拜师，跟陈小姐学唱京剧；二是跟她的老板**挂个钩**，谈谈演出的事情。
挂+过+钩	○	√ 他们公司产品的产量、质量从来没跟工资**挂过钩**，所以大家的积极性都不高。
挂+挂+钩	○	√ 你先去跟他们公司**挂挂钩**，这样我们以后合作也方便点儿。

G 006 挂号

guà//hào ① 加以记录；建立关联（register; have a record; have relationship）：你这样做，小心在警察局～。② 看病时登记并领取号码（register in hospital）：看病之前需要先～。

离析形式	所占比例	例　句
挂＋了＋号	★★★	◇ 他因为上次跟人打架在派出所里**挂了号**。 ◇ 这位农民的西瓜还没有成熟，很多买主就已经**挂了号**。 ◇ 他是在全国**挂了号**的杀人犯。 ◇ 这几个都是在公安局**挂了号**的小偷。 ◇ 我们村几乎年年是省里**挂了号**的产粮大村。
挂＋上/不＋号 挂上/不上号	★★	◇ 他们村太穷了，已经在全省**挂上号**了。 ◇ 这样的措施，使一些以前在很多方面**挂上号**的后进单位成了先进的典型。
挂完号		◇ 今天医院看病的人太多了，我们**挂完号**再去吃饭。
挂＋个＋号 挂个号	☆	◇ 你们谈好条件后，到他那里**挂个号**，每个月就可以领钱了。 ◇ 这种电视业务非常方便，只要到电视台**挂个号**，就可随时收看自己喜欢的节目了。
号…挂…	☆	◇ 在公司里，他们都不是什么重要的人物，有的连号都**挂**不上。
挂＋过＋号	○	√他在医院有熟人，看病从来没**挂过号**。
挂＋的＋号	○	√我是早上九点**挂的号**，现在都下午四点了，还没轮到我看病呢！

G 007	拐弯	guǎi // wān （思路、语言等）发生转变（turn round in thinking or speech）或不直截了当：他这人，说话就爱～。

离析形式	所占比例	例 句
拐＋了＋(…)＋弯 拐了弯	★★★	◇ 包装的目的如果**拐了弯**，就变成了小小的骗局。 ◇ 相处久了，接触多了，感情**拐了弯**，就转到爱情路上去了！ ◇ 她的怒气**拐了弯**，又找到王强把他也骂了一顿。 ◇ **拐了弯**拍了人家半天的马屁，人家非但不领情，反而根本就没有懂！
拐＋了＋数量＋(…)＋弯		◇ 经过这件事后，他的思想**拐了一道弯**，再也不认为凭点儿小聪明就能干大事了。 ◇ 女儿小丽的出世，让他的生活**拐了一道大弯**。 ◇ 王晶就是王晶，他脑子**拐了个弯**，又想到一个好办法。 ◇ 我忽然想，大姐是不是**拐了个弯**来赞美王丽呢？
拐＋着＋弯	★	◇ 我做得不好你直接说，少**拐着弯**骂人！ ◇ 你这是在**拐着弯**骂我吗？ ◇ 有些话不应该明着说、直着说，**拐着弯**说可能效果更好。
拐＋数量＋弯	★	◇ 他觉得这个问题不好回答，就**拐个弯**引走了话题。 ◇ 他讲笑话时总是喜欢**拐个弯**，让人想一想再笑。 ◇ 我看他有点儿生气，就**拐个弯**先夸夸他儿子。

离析形式	所占比例	例　句
拐＋补＋弯 拐过弯来	★	◇你看,这不是有了个文件,给农村规定了新政策,这下好了,总算**拐过弯来**了。 ◇话说得离题太远,有时候不仅别人,连自己也不容易**拐过弯来**。

H

H 001 害羞

hài∥xiū 感觉不好意思,难为情(be shy):她是第一次当众讲话,有些~。

离析形式	所占比例	例 句
害+了+羞	★★★	◇听到这话,她突然**害了羞**,跑进自己的房间再也不肯出来。
害+代+羞 害什么羞	★★★	◇谈谈你男朋友而已,**害什么羞**啊?
害+过+羞	○	√她还从来没有那么**害过羞**呢,当时脸红得像红苹果一样。 √站在喜欢的女孩儿面前,这个从没**害过羞**的男孩儿害羞了。
害+数量+羞 害点儿羞	○	√很多男人觉得女孩子**害点儿羞**更美些。 √女孩子嘛,**害点儿羞**是再正常不过的事情了。
害+补+羞 害起羞来	○	√这孩子平时叫唱歌就唱歌,今天怎么突然**害起羞来**了?

H 002 狠心

hěn//xīn 不惜代价；下定决心；不顾一切（make up one's mind; set one's heart）：为了父母，她~跟男朋友分了手。

离析形式	所占比例	例 句
狠＋补＋心 狠下心（来）	★★★	◇ 为了给孩子看病，他最终还是**狠下心**厚着脸皮跟朋友借钱。 ◇ 其实我可以再帮他做一次，可为了他好，我不得不**狠下心**，让他自己去做了。 ◇ 她好不容易**狠下心来**买那个名牌包，可是钱却不见了。 ◇ 有一次他终于**狠下心来**想好好教训一下孩子，孩子却不知什么时候跑出去了。
狠下了心		◇ 既然人家都已经**狠下了心**跟你分手，你再缠着他还有什么意思？
狠得下/不下心（来）		◇ 办这件事需要一点儿胆量，要**狠得下心**。 ◇ 孩子做错时，父母要**狠得下心**批评他们。 ◇ 几次想和他分手，可一见他的面，善良的我就**狠不下心来**。 ◇ 他知道没有别的办法，可就是**狠不下心来**。
狠起心来		◇ 想不到妈妈**狠起心来**，连自己最疼爱的女儿也不要了。
狠＋了＋(…)＋心 狠了心	★★★	◇ 虽然很爱这些书，但是我还是**狠了心**把它们卖了。 ◇ 他爱钱如命，可是为维持生活，不得不**狠了心**拿出钱租了一间房。 ◇ 她**狠了心**把这些东西全摔在了他的脸上。

离析形式	所占比例	例　句
狠了狠心		◇ 小韩犹豫再三，最后才**狠了狠心**，把相机借给了她。 ◇ 老高**狠了狠心**，拿出一百块钱准备买下这个小玩意儿。 ◇ 虽然对女儿的男朋友非常不满意，我还是**狠了狠心**，答应了女儿的婚事。
狠＋着＋心	☆	◇ 家里太穷了，根本养不活这孩子，她**狠着心**把孩子送人了。
狠＋数量＋心 狠一下心	☆	◇ 你**狠一下心**就过去了，别害怕。
狠＋狠＋心	○	◇ 你就不能**狠狠心**把烟给戒了吗？

H 003　化妆　huà//zhuāng 用专门的物品和工具使人的脸部变得美丽（put on make-up）：她本来就很漂亮，～以后更漂亮了。

离析形式	所占比例	例　句
化＋了＋(…)＋妆 化了妆	★★★	◇ 因为今天要相亲，她一大早起来精心**化了妆**，穿上最漂亮的裙子出了门。 ◇ **化了妆**的演员们在这里等待出场。 ◇ 她**化了妆**的样子还挺好看的。 ◇ 她抬起头，一双**化了妆**的大眼睛充满了泪水。 ◇ 她头发梳得非常整齐，脸上淡淡**化了妆**，显得非常文静。
化＋了＋形＋妆		◇ 她**化了淡妆**，看起来十分精神。 ◇ 在他到来之前，她收拾了房间，还给自己**化了淡妆**。 ◇ 这天，**她化了淡淡的妆**，跟男朋友逛街去了。

离析形式	所占比例	例句
化+了+数量+妆		◇ 因为今天要去见男朋友，她出门前淡淡地**化了点儿妆**。
化了化妆		◇ 她给自己**化了化妆**，才拿着包走了出去。
化+补+(…)+妆 化好妆	★★	◇ 她还没来得及**化好妆**，男朋友已经到了。 ◇ **化好妆**的李芳上台一走，立即得到了导演的认可。
化完妆		◇ **化完妆**后，她又喷了点儿香水。
化起妆来		◇ 早上一起来，她洗完澡就坐在镜子前**化起妆来**。
化+上+(…)+妆		◇ 你穿上这身衣服，再**化上浓妆**，保证谁也认不出你来。
妆…化…	★	◇ 你有没有发现，她今天连**妆也没化**。 ◇ 女孩子穿着白色的裙子，一点儿**妆也没化**，倒是清纯可人。 ◇ 你不觉着你**妆化**得太浓了吗?
化+过+妆	★	◇ 他是非常有名的化妆师，为很多明星**化过妆**。 ◇ 我的脸已经**化过妆**了，还需要做的就是再找一件最漂亮的衣服。
化+着+(…)+妆 化着妆	☆	◇ 她脸上**化着妆**，穿了件很暴露的衣服，我都快认不出她了。
化+着+形+妆		◇ 我再看到她时，她**化着浓妆**，抽着烟，完全变了个人似的。 ◇ 她**化着淡妆**，显得非常优雅。

离析形式	所占比例	例 句
		◇ 她化着不浓不淡的妆，穿着得体的衣服，征服了所有在场的男人。 ◇ 她虽然上了年纪，可是化着精细的妆，还是非常漂亮的。
化＋形＋妆 化浓妆	☆	◇ 她爱穿很性感的衣服，化很浓的妆，很多男人喜欢她。
化淡妆		◇ 这时，一个化淡妆的女孩子走了过来。
化＋代＋妆 化什么妆	☆	◇ 她没有化什么妆，只是擦了点儿口红。
化那样的妆		◇ 化那样的妆，穿那样的衣服的女孩子大多都不是从事正当职业的。

H 004 怀孕

huái // yùn 雌性哺乳动物（包括人类）有了胎（to be pregnant）：她结婚三年都没有孩子，这次终于～了。

离析形式	所占比例	例 句
怀＋了＋孕	★★★	◇ 我家那头母牛去年怀了孕，生了一个小公牛。 ◇ 你现在怀了孕，就不要做这么重的活儿了。 ◇ 刚结婚她就怀了孕，这下可乐坏了婆婆。 ◇ 听说她怀了孕，丈夫高兴得不得了。 ◇ 她没想到怀了孕的女人会这么奇怪。
怀＋着＋(…)＋孕 怀着孕	☆	◇ 当时我正怀着孕呢！ ◇ 她怀着孕也要照常工作，非常辛苦。 ◇ 哪有怀着孕闹离婚的啊？

离析形式	所占比例	例句
怀+着+数量+孕		◇虽然**怀**着四个月的**孕**,她还是坚持每天八小时的工作。
怀+过+(…)+孕 怀过孕	☆	◇从那以后,她再也没有**怀过孕**。 ◇她**怀过孕**,但是孩子流产了。
怀+过+数量+孕		◇我也曾**怀过**十个月的**孕**,不觉得有这么艰难。
怀+补+孕 怀不了孕	☆	◇妻子**怀不了孕**,急坏了他的老母亲。
怀上/不上孕		√我们结婚都三年了,我还是没让妻子**怀上孕**。 √医生,我怎么总也**怀不上孕**呢?
孕…怀…	☆	◇看了那么多医生,这**孕**终于**怀**上了。
怀+的+孕	○	√她是去年九月底**怀的孕**,估计这两天就要生了。

H 005 还原

huán//yuán 事物恢复原来的样子或情况(restore to the original state or shape):政府正试图～这座古庙的本来面目。

离析形式	所占比例	例句
还+了+原	★★★	◇他在学校的时候有说有笑的,回到家后,就**还了原**,变成了那个一声不响的小男孩儿。

| H 006 | 灰心 | huī∥xīn 因遇到困难、失败等而丧失信心（lose heart; be discouraged）：别～，下次努力，一定能及格。 |

离析形式	所占比例	例 句
灰＋了＋心	★★★	◇ 大家灰了心，劝他别再找了，估计找不到了。 ◇ 邓丽美灰了心，第二天就离开那里回国了。 ◇ 母亲气灰了心，干脆不管他了。 ◇ 听到妻子得癌症的消息，丈夫一下灰了心。 ◇ 许多人跟着灰了心，不再抱什么希望了。
心…灰…	★	◇ 他一想到这里，心就灰了，也许命运就是这样吧。 ◇ 王红的心一下子灰起来，也不讲话，站起来走回房里去了。 ◇ 事情还没进行到一半，她的心就开始灰了。
灰＋数量＋心 灰一分心	☆	◇ 她感觉自己每流一滴眼泪，就灰一分心，最后连回去见父母的勇气也没有了。
灰＋过＋心	○	√ 不管遇到什么困难，他从来没有灰过心。
灰＋补＋心 灰起心来	○	√ 听到失败的消息，一直都很坚强的王琳也灰起心来。 √ 看到自己口语考试得了三十分，玛丽开始灰起心来，想放弃学习。

J

J001 及格

jí // gé（考试成绩）达到最低的标准（pass a test, an examination, ect.）：我这次英语考试没~，心里很难过。

离析形式	所占比例	例　句
及＋过＋(…)＋格 及过格	★★★	◇进了中学后，他语文和英语就没**及过格**。 ◇在我的记忆中，他从来没有一门课**及过格**。
及＋过＋数量＋格		◇他自打上学以来简直就没**及过**几次**格**。
及＋了＋格	○	√孩子的数学终于**及了格**，虽然离我的要求还差得很远，但也算有了进步。
及＋补＋格 及得了/不了格	○	√A：你整天这样玩儿，考试**及得了格**吗？ B：**及不了格**也没关系，我妈从来不打我。
格…及…	○	√他考试常常连**格**都**及**不了，更别说考大学了。

J002 集邮

jí // yóu 收集和保存邮票以及与邮政有关的用品（to collect stamps）：把这个信封上的邮票送给我吧，我喜欢~。

离析形式	所占比例	例　句
集＋过＋邮	★★★	◇我九岁的时候**集过邮**。

离析形式	所占比例	例　句
集＋了＋(…)＋邮 集＋了＋`数量`＋邮	○	√ 我已经**集**了**好多年**邮了，集邮册都有十大本了。
集＋的＋邮	○	√ 我是从六岁的时候开始**集的邮**。
集＋集＋邮	○	√ 有空你也**集集**邮吧，很有意思的。

J003 集资

jí // zī 聚集资金（raise money or fund; collect money）：大家手里都没什么钱，现在～可不是件容易的事情。

离析形式	所占比例	例　句
集＋`数量`＋资	★★★	◇ 我们向村民**集一点儿**资吧。
集＋了＋(…)＋资 集了资	○	√ 这个学校所有学生的家长都为学校的建设**集了**资。
集＋了＋`数量`＋资		√ 大家为这个小学**集了很多次**资，可是钱还是不够。
集＋过＋(…)＋资 集过资	○	√ 大家为公司的发展**集过**资，可是公司最后还是倒闭了。
集＋过＋`数量`＋资		√ 我们公司为了扩大生产，在工人中**集过好几次**资了。
集＋`补`＋资 集到/不到资	○	√ 你们厂上次**集到**资了没有？ √ 他想办一个汉语学校，却总是**集不到**资，真让人着急。
集＋的＋资	○	√ 开公司时，是朋友们帮我**集的**资。

J004 加工

jiā//gōng 通过处理使原材料、半成品成为成品或达到规定要求（pocess；polish；refine）：他这个小工厂主要～面粉。

离析形式	所占比例	例 句
加＋过＋工	★★★	◇ 那些是加过工的材料。 ◇ 这些去了毛并加过工的牛皮很贵。
加＋了＋(…)＋工 加了工	★	◇ 他把这首歌加了工以后，果然好听了很多。
加＋了＋量＋工		◇ 出门前，她看到镜子里的自己很没精神，于是又坐下来在镜子前加了点儿工，才出了门。
加＋数量＋工 加点儿工	☆	◇ 政府出钱，咱们还不多卖点儿力气，加点儿工！
加一下工		√ 我已经从饭馆儿里买了菜，只要稍微加一下工就可以吃了。
加＋的＋工	○	√ 这些零件都是小王加的工。
加＋加＋工	○	√ 小李办事不认真，每次他加过工的零件老王都需要再加加工，要不就合格不了。

J005 加油

jiā//yóu 给予鼓励与支持；使进一步努力（make an extra effort）：大家为运动员鼓掌～。

离析形式	所占比例	例 句
加＋了＋(…)＋油 加了油	★★★	◇ 对于学校的功课，她也加了油，但是成绩一直不太好。
加＋了＋数量＋油		◇ 他正在犹豫，王宁又给他加了点儿油，说是我们肯定会赢的。

离析形式	所占比例	例　句
加＋补＋油 加起油来	★	◇ 我们站在旁边，大声给他**加起油来**。
加＋数量＋油 加点儿油	★	◇ 你得**加点儿油**了，怎么考试成绩越来越差？
加＋过＋油	○	√ 你以前参加篮球比赛，我还给你**加过油**呢！
加＋代＋油 加什么油	○	√ 比赛都结束了，还**加什么油**呢？

J 006 剪彩

jiǎn//cǎi 在仪式上剪断彩带（cut the ribbon at an opening ceremony）：他出席了～仪式。

离析形式	所占比例	例　句
剪＋了＋彩	★★★	◇ 市政府已给工程**剪了彩**。 ◇ 他为开幕式**剪了彩**就离开了。 ◇ 之后，他们还为"战争与和平"摄影展**剪了彩**。 ◇ 经理高兴地为我们的分公司**剪了彩**。 ◇ 市长为公司的开业**剪了彩**。
剪＋过＋彩	○	√ 他是著名的企业家，为很多公司的成立**剪过彩**。
剪＋的＋彩	○	√ 那时候我们公司成立，还是王市长**剪的彩**。
剪＋补＋彩 剪完彩	○	√ 这么快就**剪完彩**了啊？
彩…剪…	○	√ **彩**都**剪**完了，大家为什么还站在这里啊？

J 007 减产	jiǎn//chǎn 产量减少，减少生产（fall or decline in production）：今年很旱，估计粮食会～。		
离析形式	所占比例	例句	
减+了+(…)+产 减了产	★★★	◇ 今年雨水很足，没想到粮食竟**减了产**，这让农民们感到很迷惑。 ◇ 他的方法可能不对，到最后不仅没增产，反而**减了产**。 ◇ 孩子就要上大学了，要交很多学费，可是今年粮食又**减了产**，估计又得借钱了。	
减+了+数量+产		◇ 今年雨水不是很足，小麦**减了一点儿产**，不过今年价钱比去年高了点儿。	
减+补+产 减不了产	★	◇ 今年就是再旱点儿，我的粮食也**减不了产**。	
减+过+产	○	√ 我们玩具厂从来没有**减过产**。 √ 由于用科学方法种植，他们的辣椒从来没有**减过产**。 √ 这个村的粮食产量直线上升，从来没有因为自然灾害**减过产**。	
减+的+产	○	√ 他家的玉米是因为管理不当**减的产**。	

J 008 见面	jiàn//miàn 看见对方（meet; see）：我跟老同学已经很多年没～了。		
离析形式	所占比例	例句	
见+过+(…)+面 见过面	★★★	◇ 我们俩曾在上海**见过面**。 ◇ 从此我们再也没有**见过面**。 ◇ 因为工作的原因，我们俩很久没**见过面**了。	

离析形式	所占比例	例句
		◇ 我们俩只是在网上聊过天，但是从来没有见过面。 ◇ 他在北京见到了只是通过电话但从来没有见过面的中国朋友。
见＋过＋数＋面		◇ 下了飞机，与儿子见过一面后，他又回公司工作了。 ◇ 她是那种令你见过一面就忘不了的女孩子。 ◇ 我和李红见过两面，不太熟。 ◇ 你为什么要这么卖力地帮一个没见过几面的女人？你是不是爱上她了？
见＋过＋数量＋面		◇ 见过两次面后，两个人就迅速结婚了。 ◇ 我跟他见过几次面，但不是很熟。
见＋过＋名/代＋面		◇ 从未见过外婆面的明明和红红见到外婆异常兴奋，在外婆身边跑来跑去的。 ◇ 我见过他的面，但是现在记不清楚了。
见＋过＋名/代＋数＋面		◇ 我去年在纽约见过杰克一面。 ◇ 我只见过他一面，但印象特别深刻。
见＋了＋(…)＋面 见了面	★★★	◇ 两个人见了面，什么都没说，只是低着头坐着。 ◇ 现在，高中同学见了面还是叫我"瘦猴儿"。 ◇ 露西说这次给我介绍的这个男朋友很帅，但是见了面，发现他长得一点儿也不帅。
见＋了＋名/代＋面		◇ 现在他见了我的面，连句话也不说了，好像陌生人一样。 ◇ 小王见了她面，不好意思起来，手里不停地弄着书桌上的书本。

离析形式	所占比例	例 句
见＋了＋数＋面		◇ 去年秋天，玛丽回北京，我们见了一面。 ◇ 晚上王梅和男友见了一面，跟他彻底分了手。
见＋了＋数量＋面		◇ 林明和她见了一次面，觉得没什么感觉，就不再联系了。 ◇ 两个人谈得很投机，就又见了几次面。
见＋了＋名/代＋数量＋面		◇ 来上海，见了你一面，看到你一切都很好，我们就放心了。
见＋了＋形＋数量＋面		◇ 她带着孩子到南京和丈夫见了最后一面。
见＋名/代＋(…)＋面 见＋名/代＋面	★★	◇ 第一次见秦老师的面，总觉得她长得一般，但是后来越看越漂亮了。 ◇ 我三年没见爸爸的面了。 ◇ 我没见你面，就猜出你的样子了。 ◇ 妈妈不允许我单独见他的面了。 ◇ 朋友一见我的面，来不及讲她的事情就不停地哭了起来。
见＋名/代＋数＋面		◇ 他要求最后见妻子一面。 ◇ 我这就带你去见麦克一面。 ◇ 想到奶奶想最后见我一面的愿望也没能得到满足，我就非常伤心。 ◇ 我见她一面就走。
见＋名/代＋形＋数＋面		◇ 十多天后，奶奶离开了人世，我最终也没能见她最后一面。
见＋补＋(…)＋面 见＋上/不上＋(…)＋面	★★	◇ 我最大的心愿就是能和四十年没见的弟弟见上一面。 ◇ 杰克写信说他很想我，希望我无论如何也要抽点儿时间跟他见上一面。

离析形式	所占比例	例　句
		◇ 此时他最大的愿望就是见**上**妈妈一面，但是已经不可能了。
		◇ 由于在国外，妈妈临死也没见**上**她一面。
		◇ 由于忙于工作，他和同学一年也见**不上**几面。
		◇ 这对年轻的恋人，为了工作，一年也见**不上**几回面。
见＋(得/不) 着＋(…)＋面		◇ 经过十几个小时的飞行，他终于跟妈妈见**着**了面。
		◇ 她总是抱怨，结婚前还见**得着**面，结婚后连丈夫的面也见不着了。
		◇ 他们俩一个在美国，一个在中国，总也见**不着**面。
		◇ 自从上了高中后，网吧里再也见**不着**他的面了。
		◇ 我一年和妈妈见**不着**几回面，所以这次想和妈妈多待几天。
见＋到/不到＋(…)＋面		◇ 没想到，见**到**大哥的面，母亲大哭起来。
		◇ 你怎么还没到机场，再不来就见**不到**面啦！
		◇ 夫妻俩工作都很忙，几天见**不到**一面是常有的事。
		◇ 由于工作不在一个地方，我们一年也见**不到**几次面。
见不了面		◇ 因为工作性质不同，他们夫妻俩常常两三个月见**不了**面。
		◇ 我就在北京待半小时，看来咱俩见**不了**面了。

离析形式	所占比例	例句
见成/不成面		◇ 那年因为地震,我们就没见成面。 ◇ 对不起,晚上我要加班,咱俩又见不成面了。
见＋数＋面	★★	◇ 你们先见一面,互相认识一下。 ◇ 和同学们分别后,想再见一面就很难了。 ◇ 快要回国了,我想约我的语伴在咖啡馆儿见一面。 ◇ 以前谈恋爱的时候,一天见三面都觉得少,结了婚怎么就不一样了呢?
见＋量＋面 见个面	★	◇ 你们俩见个面,把事情说清楚,不就能和好了吗? ◇ 今天放假,我们把玛丽约出来见个面怎样? ◇ 周末和大家见个面聊聊天,我觉得很开心。
见＋数量＋面	★	◇ 我俩约定每个月至少见一次面。 ◇ 他俩见一次面吵一次架,可把妈妈气坏了。 ◇ 后来调到那里工作,两个人一天可以见三四次面呢!
面…见…	★	◇ 面都不见,怎么谈恋爱? ◇ 实际上我连我爷爷面也没见过。 ◇ 平时我们连爸爸的面都见不到。 ◇ 面还没见,你怎么就同意了?
见＋形＋(…)＋面 见＋形＋数＋面	☆	◇ 我约她出来见最后一面,彻底把我们之间的关系说清楚。 ◇ 大家都怀着沉痛的心情去与老将军见最后一面。 ◇ 她终于得到了同父亲见最后一面的机会。

离析形式	所占比例	例 句
见+的+面	☆	◇ 我们俩是一个小时以前才见的面。 ◇ 我和我的中国朋友第一次是在咖啡馆儿见的面。

J 009 讲理¹

jiǎng//lǐ 通过说明道理确定事情的对错（reason with sb.；argue）：他做得太过分了，咱们跟他~去！

离析形式	所占比例	例 句
理…讲…	★★★	◇ 那时，没有理可讲，也没有讲理的地方啊！ ◇ 我这么说，不是想惹你生气，而是有理好讲。 ◇ 现在是有理也讲不清，还是让时间来证明吧！ ◇ 有理你倒是讲啊！ ◇ 有理讲不出来，你说该怎么办？
讲+补+理 讲得出/不出理	★	◇ 咱这事到哪儿都讲得出理。 ◇ 这件事还是不太好办，跟他们讲不出理来。
讲不通理		◇ 小林跟他讲不通理，只好失望地走了。
讲+代+(…)+理 讲这/那个理	☆	◇ 我帮你讲这个理。 ◇ 你别去跟他讲那个理了，他不会听你的。
讲+的+(…)+理 讲的就是这个理	☆	◇ 我讲的就是这个理，有了学历并不一定有能力。 ◇ 不怕失败，就怕放弃，讲的就是这个理。

离析形式	所占比例	例　句
讲＋了＋(…)＋理 讲了理	○	√ 我给他**讲**了**理**，向他求了情，最后他终于答应帮我了。
讲＋了＋数量＋理		√ 我跟他**讲**了半天**理**，他还是不答应，你说气人不气人？
讲＋的＋理	○	√ 你是怎么跟他**讲**的**理**，竟然让他动心了。

J 010 讲理²

jiǎng//lǐ 遵从道理，懂得道理（listen to reason; be reasonable）：他这个人想怎么干就怎么干，一向不～。

离析形式	所占比例	例　句
讲＋数量＋理 讲点儿理	★★★	◇ 你这人，能不能**讲**点儿**理**啊？
讲＋过＋理	○	√ 他这个人，从来没有**讲过理**。
讲＋讲＋理	○	√ 你**讲讲理**好不好，是我先来的，当然应该我先办了！

J 011 交手

jiāo//shǒu 交战、搏斗、比赛（fight hand to hand; be engagted in a hand-to-hand combat）：这次是我跟他～，你就等着吧，我一定要赢他！

离析形式	所占比例	例　句
交＋过＋(…)＋手 交过手	★★★	◇ 因为和他**交过手**，所以我对他的球技有所了解。 ◇ 我与李华**交过手**不止一次，赢了他很多次，但也不敢轻敌。
交＋过＋数量＋手		◇ 我们**交过**两次**手**，都是他输了，所以我不是很担心这次比赛。 ◇ 我和他**交过**几次**手**，只赢过他一次。

离析形式	所占比例	例　句
交＋补＋手 交上手	★	◇一个是打乒乓球的，一个是打羽毛球的，怎么会**交上手**呢？ ◇他平时很少出手的，一旦和人**交上手**，就一定要赢。
交起手来		◇两个人**交起手来**才发现对方的实力都不弱。
交＋了＋手	☆	◇我刚跟他**交了手**，发现他的球技确实不错。
交＋的＋手	○	√你们俩什么时候**交的手**啊，怎么从来没听你说起过，结果怎样啊，谁赢了？

J 012 接班

jiē//bān 指接替前辈或前任的工作、事业（take one's turn on duty; carry on）：王总经理快退休了，小李成了总经理的～人。

离析形式	所占比例	例　句
接＋名/代＋(的)＋(…)＋班 接＋名＋(…)＋班	★★★	◇爸妈努力为医学事业做研究，我们支持，长大后我们还要**接爸妈的班**呢！ ◇其实由谁来**接局长的班**，已经再清楚不过了。 ◇他19岁**接父亲退休的班**到这家工厂时，工厂已经快破产了。
接＋代＋(…)＋班		◇我再干10年，等这些孩子长大了**接我的班**我再走。 ◇许多人希望他快点儿退休，特别是一些等待**接他班**的经理们。 ◇他爸坚决反对儿子**接这个班**。

离析形式	所占比例	例 句
接＋补＋班 接＋过＋(…)＋班	★★	◇ 自从**接过**我爸爸的**班**，他就可以轻松地在家喝喝茶，养养花了。
接＋好＋(…)＋班		◇ 您放心，我一定**接好班**。 ◇ 仅凭年龄的优势是无法**接好**医学事业的**班**的。 ◇ 我们会永远牢记历史，**接好革命的班**。
接上/不上班		◇ 他说希望我们以正常的心态发挥水平，尽快**接上班**。 ◇ 我真担心我们的年轻员工**接不上班**。
接不了班		◇ 青年人光靠年龄优势是**接不了班**的，必须在工作中积累丰富的经验。
接＋下＋(…)＋班		◇ 儿子不仅**接下了**他的**班**，还发展了他们家族的事业。
接＋了＋(…)＋班 接了班	★	◇ 他去世后，他的妻子**接了班**，公司发展得越来越好。
接＋了＋名/代＋(…)＋班		◇ 父亲去世后，我姐姐**接了**父亲的**班**。 ◇ 如今，他的子女们**接了他的班**，在他原有的岗位上，做出了很大贡献。 ◇ 他刚大学毕业就**接了**老郭他们这个**班**，不过干得还是不错的。
接＋接＋(…)＋班 接＋接＋代＋班	☆	◇ 父亲老了，而且管了这么多年家，他想，我该**接接**他的**班**啦。
接＋的＋(…)＋班	☆	◇ 人们称赞他**接的**是英雄的**班**。
接＋过＋(…)＋班 接＋过＋名/代＋班	○	√ 我从没**接过**爸爸的**班**，我能进这家公司全靠的是我自己的能力！

J013 结果

jiē//guǒ 长出果实，比喻事情取得了进展或成果（come out；lead to）：他的努力没有白费，终于~了。

离析形式	所占比例	例句
结+补+(…)+果 结+出+(…)+果	★★★	◇ 希望大家一起努力，使这些技术能开出花、**结出果**。 ◇ 我希望她对小陈的爱得到回报，最后能**结出好果**。 ◇ 经历了生与死，林歌的爱情随着孩子的降临**结出了果**。
结+代+果 结什么果	★★	◇ 我付出这么多努力，**结什么果**啦？什么也没有！
结+了+果	★	◇ 他的努力最后终于开了花、**结了果**，考上了自己喜欢的大学。 ◇ 他离开家乡来到西藏，在西藏生了根、**结了果**。

J014 结婚

jié//hūn 男女双方在法律上成为夫妻（get married）：他们俩上大学时就开始谈恋爱，现在终于~了。

离析形式	所占比例	例句
结+了+(…)+婚 结了婚	★★★	◇ 2012年毕业后他们便**结了婚**。 ◇ 好几年了，他可能早已**结了婚**，可我对他的感情依旧没变。 ◇ 她不顾家人的反对，与王新**结了婚**。 ◇ 怎么**结了婚**还像小女孩儿似的？ ◇ **结了婚**没有？ ◇ 我想，**结了婚**后就更有动力工作了。 ◇ 现在有好多**结了婚**的女人根本就不想要孩子。

离析形式	所占比例	例　句
结＋了＋(…)＋ 数量＋婚		◇ 他这辈子总共结了五次婚。 ◇ 我结了两次婚，可以说有那么一点儿经验。 ◇ 他在六十多岁时，与他年轻时就相恋过的情人结了他人生的第一次婚。
结＋了＋形＋婚		◇ 他们在美国的海边结了个豪华的婚。
结＋过＋(…)＋婚 结过婚	★	◇ 他一生不曾结过婚。 ◇ 他说他结过婚，并有两个孩子。 ◇ 如果我没有结过婚，那么，你的确是我理想的男人。 ◇ 无论怎样，她也不能嫁一个结过婚的男人。 ◇ 我是结过婚的男人，还比你大十岁，咱俩是不可能的。
结＋过＋数量＋婚		◇ 他结过三次婚，前两次都失败了。 ◇ 王明曾结过一次婚，这让她大吃一惊。 ◇ 先后结过三次婚的刘明对婚姻有自己的看法。
结＋的＋婚	☆	◇ 他1978年结的婚，那年才十八岁。 ◇ 他是可怜那个女孩儿才同她结的婚。 ◇ 她是为了父母才结的婚。
婚…结…	☆	◇ 这婚呀，早就该结了。 ◇ 婚是在上海结的。 ◇ 我苦苦地想着，这婚是结还是不结呢？
结＋补＋婚 结不了婚	☆	◇ 谈了十年了，他们也结不了婚，因为女孩儿父母坚决反对。 ◇ 你们感情那么好，却结不了婚，真可惜。

离析形式	所占比例	例句
结＋成/不成＋婚		◇ 最后他们还是**结成**了**婚**。 ◇ 就算咱们**结不成婚**了，也不至于就成敌人了吧？
结完婚		◇ **结完婚**，我带你去国外度蜜月。
结＋数量＋婚 结＋数＋次＋婚	☆	◇ 一个人一辈子就**结一次婚**，还是隆重点儿好。 ◇ 你不是已经**结两次婚**了？怎么什么都不知道？
结＋(数)＋回＋婚		◇ 结婚有什么好的，你**结回婚**试试就知道了。
结＋量＋婚 结个婚	☆	◇ 不就**结个婚**吗？紧张什么？ ◇ 总得再**结个婚**吧，不管和谁，要不一个人太孤单了。 ◇ 明星**结个婚**全世界的人都知道了。
结＋代＋婚 结什么婚	☆	◇ 这么多年一个人都过来了，还**结什么婚**呀！

J 015 敬礼

jìng // lǐ 行礼表示尊敬（give a salute; give greetings）：你刚才怎么没给将军～？

离析形式	所占比例	例句
敬＋了（…）＋礼 敬了礼	★★★	◇ 警察态度很好，还对我**敬了礼**。 ◇ 她很标准地给李将军**敬了礼**。 ◇ 交警上前先礼貌地给他**敬了礼**，然后指出他的违章行为。

离析形式	所占比例	例　句
敬了个礼		◇ 看到她不走人行道，交警小张上前拦住了她，并向她**敬了个礼**，提醒她以后过马路要走人行道。 ◇ 老刘赶忙站起身来给我**敬了个礼**。
敬＋了＋数量＋礼		◇ 警察向车内的司机**敬了一个礼**，司机却假装没看见。 ◇ 他向去世的战士**敬了一个礼**，没说话，眼圈先红了。 ◇ 执勤的交警一连给她**敬了十几个礼**，还给她讲了很多道理。
敬＋量＋礼 敬个礼	★	◇ 结婚那天，小吴高兴地站起来，向大家**敬个礼**，唱了起来。 ◇ 两名警察先是很礼貌地向司机**敬个礼**，然后要求司机出示证件。 ◇ 妈妈让他早点儿回家，他调皮地给妈妈**敬个礼**，高高兴兴跑了出去。 ◇ 遇到将军，为什么不**敬个礼**呢？
敬＋补＋礼 敬完礼	☆	◇ 他**敬完礼**就开始讲话了。 ◇ **敬完礼**，军人们陆续走了出去。
敬过礼		◇ 警员们互相**敬过礼**，就开始了会议。
敬＋数量＋礼 敬＋数＋个＋礼	☆	◇ 你去天安门广场，代我看一眼国旗，在国旗升起的时候，替我向国旗**敬一个礼**。
敬＋数＋次＋礼		◇ 这位交警在看到别人违反交通规则时，坚持先敬礼后纠正，**敬一次礼**不行，就**敬两次礼**。

离析形式	所占比例	例句
敬+形+礼 敬大礼	☆	◇他们中间,有向总统**敬大礼**的人,也有反对政府的人。
敬+过+礼	○	√将军从来没跟大家**敬过礼**,大家都说他太傲慢。
敬+的+礼	○	√你刚才是给谁**敬的礼**啊?

J016 就业

jiù//yè 参加工作 (find employment; get a job):最近几年大学毕业生太多,~形势很严峻。

离析形式	所占比例	例句
就+代+业 就他业	★★★	◇公司破产了,很多员工改**就他业**,有的做起了生意,有的去了其他公司。
就+了+业	○	◇弟弟不想上大学,妈妈只好让他**就了业**。
就+过+业	○	◇他一直在家呆着呢,什么时候**就过业**啊?
就+补+业 就不了业	○	◇现在经济形势不好,很多大学生毕业后**就不了业**。
就+的+业	○	◇他去年**就的业**,在那儿差不多有一年了。

J017 就职

jiù//zhí 正式到任(多指较高的职位);开始任职(assume office):新总统很快就要~了。

离析形式	所占比例	例句
就+名+职	★★★	◇我马上就要去**就副局长的职**,心里既紧张又激动。 ◇一九一二年的一月一日,孙中山在南京**就临时大总统职**。

离析形式	所占比例	例句
就＋了＋职	★	◇ 他刚**就了职**，这几天正计划着"改革"呢。
就＋形＋职 就高职	☆	◇ 同时从大学毕业的同学，有的**就高职**去了，有的去学校继续读研究生了，大家都还过得挺不错的。

J 018 鞠躬 jū//gōng 弯身行礼表示尊敬、抱歉、服从等（bow）：他深深地向老师～道谢。

离析形式	所占比例	例句
鞠＋了＋(…)＋躬 鞠了躬	★★★	◇ 为了表达自己的感激之情，王明向每位帮助他的人都**鞠了躬**。
鞠＋了＋数＋躬		◇ 王教授讲完后，向台下的学生们深深地**鞠了一躬**。 ◇ 市长先举杯，向台下的群众敬了酒，随后又深深地向大家**鞠了一躬**。
鞠＋了＋数量＋ (…)＋躬		◇ 毕业典礼上，我对王老师深深地**鞠了个躬**，连说"谢谢，谢谢"。 ◇ 他站在村边的马路上，对着即将离别的村子深深地**鞠了几个躬**，然后一步一回头地离开了。 ◇ 当市长走向我的时候，我正在看书，看到他走过来，我连忙放下书，向市长**鞠了一个90度的躬**，说："市长，您好！" ◇ 表演结束后，他走下舞台，向母亲**鞠了一个大躬**。

离析形式	所占比例	例　句
鞠＋量＋躬 鞠个躬	★	◇ 我要给这位好人**鞠个躬**，感谢他的帮助。 ◇ 每个进大厅的人都要向主席**鞠个躬**。
鞠＋数量＋躬 鞠＋数＋个＋躬	★	◇ 我代表全家人向您**鞠一个躬**，谢谢您救了我儿子的命。 ◇ 我们都是普通人，应该**鞠一个躬**，表达我们对故去英雄的敬意和追念。 ◇ 要是过去，遇见这么优秀的医生，不知要**鞠多少个躬**才能请回家呢。
鞠＋数＋次＋躬		◇ 由五个人向君王**鞠三次躬**，然后敬上美酒一杯。
鞠＋数＋躬	☆	◇ 过去，结婚的时候新人一共要**鞠三躬**：给天地**鞠一躬**，给父母**鞠一躬**，再给对方**鞠一躬**。 ◇ 在表彰英雄的时候，也应该向他们的亲人深深**鞠一躬**。
鞠＋补＋躬 鞠过躬	☆	◇ 他**鞠过躬**，然后眼含着泪水离开了。
鞠完躬		◇ 王平认真地**鞠完躬**，站直身，严肃地开始讲话。
鞠上一躬		◇ 他讲完话，向观众深深地**鞠上一躬**就下台了。
鞠起躬来		◇ 他走上舞台，左转身，右转身，**鞠起躬来**。
鞠＋着＋躬	☆	◇ "一点儿心意，一点儿心意，请收下……"小李不停地**鞠着躬**说到。

离析形式	所占比例	例句
		◇ 服务生们穿着得体的小礼服,恭敬地向宾客们**鞠着躬**,礼貌地微笑着。
鞠+过+(…)+躬 鞠过躬	☆	◇ 人家已经**鞠过躬**,道过歉了,你就别再计较了。
鞠+过+数量+躬		◇ 又有谁给这些年轻的英雄们**鞠过一个躬**呢?
鞠+(…)+形+躬 鞠+形+躬	☆	◇ 在一片掌声中,成龙发言了,他站在台上,向观众们前后左右深深**鞠大躬**致谢。
鞠+数量+形+躬		◇ 公司有这样的规定:见到上司**鞠**15**度小躬**,见到客户**鞠**30**度深躬**。
鞠+的+躬	☆	◇ 我们的新郎的确真诚,他**鞠的躬**,角度最大,时间最长。
躬…鞠…	☆	◇ 他的**躬鞠**得比别人更深。

J 019 决口

jué//kǒu 堤岸被水冲出缺口(be breached; burst):一旦这里~,将会有大量村庄被淹没。

离析形式	所占比例	例句
决+了+(…)+口 决了口	★★★	◇ 听说城西附近黄河又**决了口**。 ◇ 他说起话来简直就是黄河**决了口**,一开口就停不下来了。 ◇ 她听了这话,这么多年深藏在内心的悲伤一下子**决了口**,向他诉出整整一天的苦。
决+了+数量+口		◇ 相传很多年前,黄河在这里**决了一次口**,淹没了很多田地村庄。

离析形式	所占比例	例句
决＋过＋(…)＋口 决过口	○	◇ 1939年，这个水库曾**决过口**，造成了很大的经济损失。 ◇ 自重建以来，这个大堤再也没**决过口**。
决＋过＋数量＋口		◇ 在那五十多年中，黄河没有**决过**一次**口**。
决＋的＋口	○	◇ 这个大坝是昨天**决的口**。

J 020 绝望

jué//wàng 没有任何希望（give up all hope; be despair）：试验了十几次都没有成功，这次她彻底～了。

离析形式	所占比例	例句
绝＋了＋望	★★★	◇ 妈妈对我已经**绝了望**，再也不管我了。 ◇ 无论如何，还是**绝了望**，干脆不再抱什么希望了。 ◇ 看见我，爸妈只是看了一眼，没有任何表情，仿佛已**绝了望**。
绝＋过＋望	○	◇ 这中间他后过悔、**绝过望**，不过还是坚持了下来。

K

K001 开刀

kāi//dāo 医生用手术刀等给病人做手术（perform or have an operation）：你的病不用～。

离析形式	所占比例	例　句
开＋了＋(…)＋刀 开了刀	★★★	◇ 医生终于给他开了刀。 ◇ 开了刀以后要注意点儿什么呢？
开＋了＋数＋刀		◇ 她去年因为生孩子开了一刀。
开＋了＋数量＋刀		◇ 这个病人开了好几次刀都没好，陈医生只给他开了一次刀就好了。 ◇ 王医生开了一天刀，累得都站不住了。
开＋过＋(…)＋刀 开过刀	★★	◇ 我的脚开过刀，会不会影响我以后打篮球？ ◇ 一个刚开过刀的病人不能随便走动。
开＋过＋数量＋刀		◇ 几年前他开过一次刀之后再也没开过刀。 ◇ 你开过几次刀？为什么开刀？
开＋数＋刀 开一刀	☆	◇ 你这病不开一刀不行。 ◇ 这种小病为什么还要开一刀？ ◇ 整容时往往要在脸上、身上开一刀。
开＋代＋刀 开这/那刀	☆	◇ 开那刀太危险，他和家人有点儿犹豫。 ◇ 不开这刀，你的病好不了。

离析形式	所占比例	例 句
开＋形＋刀 开错/对刀	☆	◇作为一名合格的医生，你不能拿错药，开错刀。 ◇现在医生给病人开错刀的情况越来越少了。 ◇上错病床开对刀，这样的事还真少见。
开＋的＋刀	○	√上次我头上长的那个包，是张医生给我开的刀。
刀…开…	○	√刀也开了，罪也受了，可是他这病却一点儿也没好。

K002 开工 kāi//gōng 工厂开始生产，工程开始修建，也指开始工作（start operation；start work）：我们的工程终于～了。

离析形式	所占比例	例 句
开＋了＋(…)＋工 开了工	★★★	◇在一片欢呼声中，我们的工程正式开了工。 ◇大家想尽办法，使工程按计划开了工。
开＋了＋数量＋工		◇公司开了几天工就破产了。
开＋形＋工 开全/半工	★★★	◇只有极少数的工厂开全工※，其余工厂都有停工现象。 ※开全工：全部上班时间都生产或者工作。 ◇最近因为经济危机，许多工厂只开半工，工人上半天班休息半天。
工…开…	★★	◇都这时候了，你们的工怎么还没开啊？
开＋补＋工 开得了/不了工	★★	◇因为停电，不少工厂开不了工。 √总得先有一批资金才开得了工吧！ √工人现在总共才来了五个，怎么开得了工啊？

离析形式	所占比例	例　句
开＋名＋工 开夜工	★★	◇看来今晚又要**开夜工**※了。 ※开夜工：晚上或者夜里生产或者工作。

K003 开课

kāi//kè 开始上课；设置课程（begin school; begin classes; give a course）：听说这学期林老师要给我们～。

离析形式	所占比例	例　句
开＋形＋课 开新课	★★★	◇每**开新课**前，弟弟总是将新课本先翻一遍。
开小课		◇他每天除了到学校上课外，还要给五六个学钢琴的孩子**开小课**※。 ※开小课：给少数人上课。
开大课		◇他这学期要**开大课**※，给一百多个人讲现代汉语语法。 ※开大课：给很多人上课。
开＋了＋课	★★	◇学校已经**开了课**。 ◇我刚才从那里过，听见铃声，多半是已经**开了课**。
开＋代＋课 开什么课	★★	◇王老师，你既然病了，还**开什么课**啊，身体重要，好好休息吧。
开这门课		◇只有很少的大学**开这门课**，年轻人对哲学的兴趣越来越小。
开＋数量＋课 开＋数＋课	★	◇林教授，你也在我们学校**开一课**吧！
开＋数量＋课		◇他准备在英语系**开一门课**，叫语言学。

离析形式	所占比例	例句
开＋过＋(…)＋课 开过课	☆	◇ 我是做研究的，从来没给学生们开过课。
开＋过＋[数量]＋课		◇ 他给我们开过两门课：阅读课和听力课。
开＋[补]＋(…)＋课 开＋出了＋(…)＋课	☆	◇ 他本来是研究语法的，现在改研究汉字了，所以给我们开出了这门课。
开不了课		√ 教学楼在地震中受了很大损坏，估计学校9月1号开不了课了。
开＋[量]＋课 开个课	☆	◇ 好吧，我可以在你们学校开个课。
开＋的＋(…)＋课	○	√ 王老师上学期出国了，所以是张老师给我们开的这门课。

K004 开口

kāi//kǒu 张口说话（start to talk）：我还没～，他就抢着说了出来。

离析形式	所占比例	例句
开＋了＋(…)＋口 开了口	★★★	◇ 一个小时过去了，老人终于开了口："好吧，你们就这么办吧！" ◇ 你就算开了口，父母也不会答应的。 ◇ 一旦开了口，话就停不下来了。 ◇ 既然孔经理开了口，我不会反对的。 ◇ 读了她的小说，听她开了口，你就不能不承认，这是一个作家，而且是一个非常棒的作家。 ◇ 我刚想问问这个女孩儿叫什么名字，她就抢先开了口。

离析形式	所占比例	例句
开＋了＋[动]＋口		◇ 丈夫说了谎话以后，她终于开了平时不常开的口。
开＋[补]＋(…)＋口 开＋得了/不了＋(…)＋口	★	◇ 这种病，即使能活下来，也可能会失去记忆，开不了口，甚至成为植物人。 ◇ 他一直是唱京剧的，现在让他唱流行歌曲，他怎么也开不了口。 ◇ 本来田强早就想向她表白的，但是，他老是开不了口。 ◇ 借这么多钱，怎么开得了这口？ ◇ 我知道父母有能力帮我们这个忙，可是我开不了这口啊？
开不得口		◇ 王欣开不得口，只是望着老板，又紧张又着急。 ◇ 到了这种地步，想替他说好话的人，也开不得口了。
开起口来		◇ 他特别爱说话，一旦开起口来，就停不住了。
开＋[代]＋(…)＋口 开＋[代]＋口	★	◇ 我怎么开这口呢？ ◇ 我怎么敢在老婆面前开那口？
开＋[代]＋[量]＋口		◇ 你叫我开这个口，合适吗？ ◇ 他到现在也没想好怎么开这个口。 ◇ 咱不能向他开那个口，他刚上班，没挣多少钱。
开＋过＋口	☆	◇ 自从上了大学以后，他从来没再向父母伸过手、开过口，零用钱全是自己打工挣的。

离析形式	所占比例	例　句
		◇ 这时，从来没怎么**开**过**口**的林明忽然说："我觉得这样做挺好的。" ◇ 自从妈妈去世后，这孩子就再也没**开**过**口**。
口…开…	☆	◇ 她**口**都不**开**，气呼呼地走了。 ◇ 看他那生气的样子，吓得我连**口**也不敢**开**了。 ◇ 见到他们，手不准动、**口**不准**开**，因为他们手里有枪。
开＋数量＋口 开＋数＋次＋口	☆	◇ 我看马克会帮这个忙的，你**开**一次**口**，求求看。
开句口		◇ 你需要钱用时，只要**开**句**口**，我马上送到。
开＋数＋回＋口		◇ 反正你已经求过他一次了，再**开**一回**口**也没什么。
开＋的＋口	☆	◇ 他在门外犹豫了很久，才硬着头皮进去**开**的**口**。 ◇ 这件事可是王经理**开**的**口**。

K 005 开幕 kāi // mù 大型会议、展览会等开始（inaugurate; open; the curtain rises）：今天上午九点整会议～。

离析形式	所占比例	例　句
开＋了＋幕	★★★	◇ 凡是该准备的就抓紧时间准备，别等**开**了**幕**闹笑话！ ◇ 已经**开**了**幕**了，你怎么才到啊？
幕…开…	★★★	◇ 时间到了，**幕**并没有**开**，说是李市长还没到。

离析形式	所占比例	例句
开+补+幕 开不了幕	○	◇发生这么大的事,我看今天运动会是**开不了幕**啦!
开+代+幕 开什么幕	○	◇出了这么大的事故,音乐会还**开什么幕**啊,大家都去救人吧!
开+的+幕	○	◇运动会什么时候**开的幕**啊?

K006 开学 kāi//xué 学期开始 (term begins):你们不是已经~了吗?怎么还没去学校啊?

离析形式	所占比例	例句
开+了+学	★★★	◇每年这个时候,学生差不多都已经**开了学**了。 ◇**开了学**,可就比不得平常了,不能老玩儿了。
学…开…	○	√**学**都已经**开**了几天了,他怎么还没来学校?
开+的+学	○	√我们二月十号**开的学**。
开+补+学 开不了学	○	√因为地震毁坏了教学楼,我们九月一号**开不了学**了。
开+代+学 开什么学	○	√教学楼都没建好,还**开什么学**啊?

考试 kǎo//shì 通过书面、口头提问或现场操作等方式,考查知识和技能 (take exams):~不及格的同学下星期都可以参加一次补考。

离析形式	所占比例	例 句
考+补+试 考完试	★★★	◇ 星期五我**考完试**,星期六我陪你玩儿个痛快,好不好? ◇ 张明一**考完试**便开车和同学到处玩儿去了。 ◇ 自从**考完试**后,他就没开过口,估计这次又没考好。 ◇ **考完试**的张强一身轻松。
考完了试		◇ 等我**考完了试**,我就去云南旅行。 ◇ 我考试前生了很重的病,但还是坚持**考完了试**,竟然还考上了理想的大学。
考+了+(…)+试 考了试	☆	√ 我们昨天**考了试**,所以今天没什么事情了。
考+了+数量+试		◇ 由于考试前有人知道了答案,学校又给我们**考了一次试**。
试…考…	☆	◇ 后来,他干脆**试**也不**考**了,书也不读了,跟着父母去北京打工了。
考+的+试	○	◇ 我们上午八点到十点**考的试**。
考+代+试 考什么试	○	√ A:我下午有口语考试。 B:你都病得这么厉害了,还**考什么试**啊,好好休息吧!

 旷工　kuàng//gōng 工作日员工没经过同意而缺勤（absent from work）：小王今天又没来上班，他都~三天了。

离析形式	所占比例	例　句
旷+过+(…)+工 旷过工	★★★	◇他是个好工人，从没旷过工。
旷+过+数量+工		◇他十八年来没旷过一天工。
旷+了+(…)+工 旷了工	○	√弟弟昨天又旷了工，妈妈生气极了。
旷+了+数量+工		√他一连旷了二十天工，怎么可能不被炒鱿鱼？
旷+数量+工	○	√一个月三十天，他能旷十五天工，你说让不让人生气？
旷+的+工	○	√他因为生病才旷的工，你就别再批评他了。

L

L001 劳驾

láo//jià 请别人帮忙时所用的礼貌用语（excuse me）：～，请把那本书递给我。

离析形式	所占比例	例句
劳＋名/代＋(…)＋驾 劳＋名/代＋驾	★★★	◇一会儿老板来时，还要**劳**张秘书**驾**帮我们多说几句好话。 ◇他是市长，我们怎么好意思**劳**他**驾**啊？ ◇马老师，**劳**您**驾**把这张桌子搬出去吧。 ◇这事我们自己处理，不用**劳**你的**驾**，你费心了。
劳＋名/代＋形＋驾		◇这桌子太重了，能不能**劳**你大**驾**帮我抬一下？ ◇我们哪儿敢**劳**您大**驾**？
劳＋补＋驾 劳不起驾	☆	◇他是公司 CEO，我们可**劳不起驾**！

L002 离婚

lí//hūn 依照法定程序解除婚姻关系（divorce）：他们结婚才半年就因为感情不合～了。

离析形式	所占比例	例句
离＋了＋(…)＋婚 离了婚	★★★	◇他们在法国结了婚，又在法国**离**了**婚**。 ◇他觉得**离**了**婚**之后，自己的日子一团糟。

离析形式	所占比例	例 句
离+了+数量+婚		◇ 她和丈夫**离**了**婚**，跟孩子住在上海。 ◇ **离**了**婚**还得再结婚，麻烦，还不如这样凑合着过呢！ ◇ 她是个**离**了**婚**的单身女人。 ◇ 我们老板是个有工作、有房子、**离**了**两次婚**的中年男人。 ◇ 他才二十五岁，可是已经**离**了**三次婚**了。
离+过+(…)+婚 离过婚	★	◇ 老王夫妻俩都是**离过婚**的人。 ◇ 我**离过婚**，知道离婚的痛苦。
离+过+数量+婚		◇ 她跟一个比她大二十岁、**离过两次婚**的教授结了婚。 ◇ 我已经**离过一次婚**了，不想再结婚了。
婚…离…	☆	◇ 就算双方父母不同意，这**婚**还是要**离**的。 ◇ **婚**是**离**了，两人的感情却没有变。 ◇ 这个**婚**该不该**离**跟我们没关系。 ◇ **婚**都**离**了，你还找他做什么？ ◇ 这**婚**我是**离**定了！
离+补+婚 离完婚	☆	◇ 男方还没有**离完婚**，你们俩现在不能结婚。
离成/不成婚		◇ 因为父母的反对，他俩最后还是没**离成婚**。 ◇ 离婚登记处的人特别多，看来今天**离不成婚**了，下周再来吧。
离不了婚		◇ 他**离不了婚**，新女友只好跟他分手了。
离+的+婚	○	√ 他们是前年**离的婚**。

 理发 lǐ//fà 修剪头发(get a haircut):学校旁边就有个理发店,我经常去那儿~。

离析形式	所占比例	例 句
理+数量+发 理一次发	★★★	◇ 妈妈说她小时候五毛钱就可以**理一次发**。 ◇ 他每隔二十天左右就要**理一次发**。 ◇ 我要求最后再为爷爷**理一次发**。
理一个发		◇ 他理发的技术很高,十几分钟就能**理一个发**。 ◇ 过去**理一个发**也就几毛钱,现在几十块钱都不行了。
理+补+发 理完发	★★	◇ 等他**理完发**出来,我们才发现他留短发其实也挺帅的。 ◇ **理完发**,他开始洗澡,换衣服。 ◇ 你的头发太长了,**理完发**再去参加婚礼。
理+了+(…)+发 理了发	★★	◇ 为了照相好看,我今天还**理了发**。 ◇ 我陪她**理了发**,还买了很多衣服。 ◇ 他**理了发**、刮了胡子,整个人精神多了。
理+了+量+发		◇ 他看还有时间,就去**理了个发**。
理+过+(…)+发 理过发	★★	◇ 他刚**理过发**,穿了一身新衣装,显得年轻多了。 ◇ 看到女朋友不满意他的发型,已经**理过发**的王明干脆去理发店剃了个光头。 ◇ 也许是他刚**理过发**的缘故吧,我觉得他这会儿特别帅。

离析形式	所占比例	例句
理＋过＋数量＋发		◇ 我前不久刚理过一次发，你自己去理吧。
理＋量＋发 理个发	★	◇ 现在正赶上快过年，理个发也要等一两个小时。 ◇ 他太忙了，连去理发店理个发的时间都没有。
理＋形＋发 理长/短发	★	◇ 你是理长发还是理短发？
理＋的＋发	☆	◇ 我对我这次理的发非常满意。
发…理…	☆	◇ 我觉得饭可以少吃，发不可以不理，现在必须去。
理＋着＋发	○	◇ 我给他理着发呢，你一会儿再打过来吧！
理＋代＋发 理什么发	○	◇ 都五点半了，舞会就要开始了，还理什么发啊，来不及啦！

L004 聊天儿

liáo // tiānr 谈天，闲谈（chat; chew the rag; chit-chat; cose; coze）：奶奶最爱跟人～。

离析形式	所占比例	例句
聊＋补＋天儿 聊起天儿来	★★★	◇ 他的女友大大方方地跟我们聊起天儿来。 ◇ 他们在电话里聊起天儿来。 ◇ 他读过很多书，聊起天儿来总是滔滔不绝。

离析形式	所占比例	例 句
聊完天儿		◇ 他们**聊完天儿**才发现天已经黑了。 ◇ 我跟妈妈**聊完天儿**之后看时间还早，就去看了场电影。
聊不完的天儿		◇ 好友们在一起有**聊不完的天儿**。
聊上天儿		◇ 工作还没做完，两人就又**聊上天儿**了。
聊不起天儿		◇ 他不爱说话，跟他**聊不起天儿**。
聊＋形＋天儿 聊大天儿	★★	◇ 几个女人在一起边喝咖啡边**聊大天儿**※。 ※聊大天儿：随意聊天儿，长时间聊天儿。 ◇ 我找了你一上午了，原来你在这儿**聊大天儿**啊！ ◇ 老板最不喜欢上班时候**聊大天儿**的员工。
聊闲天儿		◇ 老爸最大的爱好是打麻将、**聊闲天儿**※。 ※聊闲天儿：空余时间聊天儿，聊一些轻松的话题。 ◇ 他妈妈常常在菜市场跟人**聊闲天儿**。
聊＋着＋天儿	★	◇ 楼下一群女孩儿在大声地**聊着天儿**。 ◇ 我看到小王正跟小李开心地**聊着天儿**。 ◇ 我们一边听着音乐，一边**聊着天儿**。
聊＋了＋(…)＋天儿 聊＋了＋数量＋天儿	★	◇ 你们已经**聊了半天天儿**了，还在聊啊？ ◇ 今天上了半天课，跟同桌**聊了半天天儿**。 ◇ 俩人**聊了几小时天儿**了，还没聊够。 ◇ 我坐在沙发上，她躺在床上，**聊了一会儿天儿**，她就睡着了。 ◇ 我跟他**聊了一会儿天儿**才离开。

离析形式	所占比例	例　句
聊＋过＋(…)＋天儿 聊过天儿	★	◇ 几年来，她从没去邻居家串过门儿、**聊过天儿**。 ◇ 那个跟我**聊过天儿**的小伙子，原来是美国留学回来的。
聊＋过＋数量＋天儿		◇ 我认识他，我们聊过几次天儿。
聊＋数量＋天儿 聊＋数量＋小时＋天儿	★	◇ 你们都聊两个小时天儿了，还没聊完啊？
聊（一）会儿天儿		◇ 时间还早，**聊一会儿天儿**再走吧！ ◇ 我睡不着，咱们**聊会儿天儿**吧！
聊＋代＋天儿	☆	◇ 他们假装没听到别人问路，继续**聊他们的天儿**。

L005　留神

liú//shén 当心，注意（look out; take care）：这里危险，大家～点儿。

离析形式	所占比例	例　句
留＋量＋神 留点儿神	★★★	◇ 算了，丢了就丢了，以后**留点儿神**就是了。 ◇ 稍微**留点儿神**你就会发现，不遵守交通规则的人很多。 ◇ 你可得**留点儿神**，别再上了他的当！ ◇ 一会儿你见着老王说话可得**留点儿神**。 ◇ 如今，在市场买古董您可要**留点儿神**，常常有假的。
留＋着＋神	★★	◇ 他很爱说话，但是他**留着神**，不让自己的话说错。 ◇ 他个子很高，进门的时候**留着神**还是被撞了一下。

离析形式	所占比例	例 句
		◇ 在留学期间，他就时时处处**留着神**，希望能多交几个朋友。 ◇ 里面很危险，他提醒我们进去的时候**留着神**。
留＋了＋(…)＋神 留了神	★	◇ 我这次去那里特意**留了神**，那间房子墙上果然有个洞。 ◇ 从他一进门，李明就**留了神**，一直在观察他。
留了点儿神		◇ 虽然他很信任王刚，但还是多少**留了点儿神**。
留＋代＋(…)＋神 留＋代＋量＋神	☆	◇ 大家都觉得应该**留这点儿神**。 ◇ 跟他合作，我不能不**留这点儿神**！
留＋数量＋神 留一下神	☆	◇ 这不难，他们**留一下神**就好了。

L006 留意

liú // yì 注意、留心（take care; advert; look out; mark; mind）：路很滑，一不～就会摔跤。

离析形式	所占比例	例 句
留＋量＋意 留些意	★★★	◇ 你稍微**留些意**，就会发现现在看电视剧的人越来越少了。
留点儿意		√ 你进他房间的时候**留点儿意**，听说他房间里装了摄像头。
留＋着＋意	○	√ 他虽然松了一口气，但还是**留着意**。 √ 我**留着意**呢，你别操心了，肯定不会被他骗到。

离析形式	所占比例	例　句
留＋过＋意	○	✓ 小红向我抱怨说，她丈夫对她的话从来没**留过意**。 ✓ 他曾听到同事们多次讨论过这件事，但他从没**留过意**。
留＋了＋意	○	✓ 后来我再去她家的时候**留了意**，果然发现了自己以前在宿舍丢的那些小玩意儿。

M

M 001 埋头	\multicolumn{3}{l}{mái//tóu 专心，不分散精力，下工夫（immerge）：他只顾~学习，我站在他旁边很久他都没觉察到。}
离析形式	所占比例	例 句
埋＋补＋头 埋下头（来/去）	★★★	◇考试前十分钟，我只管埋下头，来一个快速记忆。 ◇他朝我挥挥手，然后又埋下头来继续写作。 ◇照这个思路走，埋下头来苦干三五年，我们就能实现目标啦！ ◇现在虽然取得了很好的成绩，但是还是不能骄傲，要埋下头去，继续努力！
埋＋着＋头	★★	◇他全身缩在沙发里面，埋着头盯住棋盘，一句话也不说。 ◇他埋着头写作业，连客人来了也没有注意到。 ◇孩子饿坏了，埋着头一句话也不说，只管吃饭。 ◇你总这样埋着头干未必会成功，还应该试试其他办法。

M002 满月

mǎn// yuè 婴儿出生后满一个月（the baby is one-month old）：孩子刚~，还不会坐呢。

离析形式	所占比例	例 句
满＋了＋月	★★★	◇由于父母工作忙，所以她刚**满了月**就被送到奶奶家。 ◇等孩子**满了月**，妈妈又回到学校工作了。
满＋的＋月	○	√我家孩子是上个月初三**满的月**。

M003 冒险

mào// xiǎn 不顾危险地进行某种活动（risk; adventure; take a risk; tempt fortune; venture）：你这样做太~了！

离析形式	所占比例	例 句
冒＋代＋(…)＋险 冒＋这/那＋险	★★★	◇这件事我没有把握，不敢**冒这险**。 ◇在家里一切都好，你出去**冒那险**干吗？
冒＋这/那个＋险		◇很多人劝我不要**冒这个险**。 ◇我们一定得先调查清楚了，不能轻易**冒这个险**。 ◇我可不愿意**冒这个险**，你想做就自己去做吧！ ◇为二百块钱，值得**冒这个险**吗？ ◇考试考不好没什么，我们也没必要**冒那个险**啊！
冒＋这/那种＋险		◇蹦极太刺激了，**冒这种险**真值！ ◇条条大路通罗马，你何必**冒那种险**呢？
冒＋这/那份＋险		◇结婚是一辈子的事，我可不想**冒这份险**，嫁给一个不了解的人。 ◇我还有家人呢，不能**冒那份险**。

离析形式	所占比例	例句
冒+这/那样+的+险		◇ 大家虽然很想挣钱，但是谁也不愿意**冒这样的险**。
冒这一次险		◇ 去一趟能赚一百万，他认为值得**冒这一次险**。
冒这一番险		◇ 你要是当初在多求他一会儿，也不会**冒这一番险**了。
冒+形+险 冒+(…)+大+险	★	◇ 当时我什么都不想，只想着**冒大险**，挣大钱。 ◇ 他这个人，能吃大苦**冒大险**，大家都很喜欢他。 ◇ 他现在结婚成家了，肯定不会再**冒那么大的险**了。 ◇ 如果能多救活几个人，我觉得**冒再大的险**也值得。 ◇ 为了找到失踪的女朋友，他不惜**冒这么大的险**，真是太感人了！
冒+数量+险 冒几分险	★	◇ 人活着，不管做什么，总要**冒几分险**的。
冒一次险		◇ 为了妻子，他决定去**冒一次险**。 ◇ 爸爸见他这样诚恳，只好答应让他去**冒一次险**了。
冒下险		◇ 不管结果怎么样，我决定去**冒下险**试试。
冒点儿险		◇ 他宁可自己**冒点儿险**，也不愿去麻烦别人。
冒些险		◇ 为了能够早日康复，**冒些险**也是值得的。 ◇ 做这个工作不是那么简单的，必要时还得**冒些险**，你真的愿意做吗？

离析形式	所占比例	例　句
冒个险		◇你就不能为了孩子出去冒个险吗？
冒＋动＋之＋险	★	◇你想好了，做这件事可是要冒犯罪之险的。 ◇你要记住，绝对不要去冒破产之险，否则你会后悔的。 ◇他敢冒杀头之险给皇帝提意见，皇帝很喜欢他。 ◇为了玩儿电脑游戏去冒触电之险，他觉得很不值得。
冒＋了＋(…)＋险 冒了险	★	◇虽然事情没办成，可是她不后悔冒了险。 ◇如果冒了险，还是失败了怎么办？ ◇他很怕吃辣的，到了四川，每次吃饭都有冒了险的感觉。
冒＋了＋形＋险		◇我帮你办这件事可是冒了很大的险，你是不是应该请我吃饭啊？
险…冒…	★	◇这个险值得冒。 ◇目前也没有更好的办法，看来这个险非冒不可了。 ◇这样的险我可不敢冒！ ◇如果连这个险都不能冒，那也太对不起你的女朋友了。
冒＋着＋(…)＋险 冒着险	☆	◇他冒着险，把公司的一些材料交给了警察。 ◇我可是冒着险来找你的啊！ ◇考试的时候，我可是冒着险给你传答案的，怎么感谢我啊？

离析形式	所占比例	例　句
冒＋着＋形＋险		◇他杀了人之后，有一次**冒着**大**险**回家给妻子送了点儿钱。
冒＋着＋动＋险		◇他**冒着**被骗的**险**，买了两盒这种药丸。
冒＋过＋(…)＋险 冒过险	☆	◇他长这么大从没**冒过险**，怪不得这么胆小呢！
冒＋过＋形＋险		◇改革开放前，为了给家里买点儿新鲜东西，他**冒过**很多**险**。
冒＋代＋险 冒什么险	☆	◇我现在结婚了，想安安稳稳地生活，不想再**冒什么险**了。
冒＋的＋险	☆	◇不行，我不答应你这样做，**冒的险**太大了。

N

N001 纳闷儿

nà//mènr 疑惑，不解，感到奇怪（wonder; in wonder）：他叫了好几声，没人答应，心里就有点儿～了。

离析形式	所占比例	例句
纳＋了＋闷儿	★★★	◇我就**纳了闷儿**了，我明明把手机放在桌子上了，怎么一转眼就不见了？ ◇这下她让大家都**纳了闷儿**：她到底想说什么呢？
纳＋过＋闷儿	★	◇那些话他当时没听懂，之后也没**纳过闷儿**。
纳＋着＋闷儿	★	◇听着他的话，我不住地**纳着闷儿**，他怎么知道这么多东西？
纳＋补＋闷儿 纳过闷儿来	★	◇观众还没**纳过闷儿来**※，台上的表演已经结束了。 ※纳过闷儿来：纳闷儿后，明白过来。

N002 念书

niàn//shū ① 上学，接受教育（go to school and get education）：他打小就不喜欢～，只想着怎么玩儿。② 读书（read books）妈妈经常叮嘱我，多～，多温习，才能学习好。

离析形式	所占比例	例句
念＋过＋(…)＋书 念过书	★★★	◇我们都在方家胡同小学**念过书**，都有相同的记忆。

离析形式	所占比例	例　句
		◇ 你不是念过书吗？你一定知道这个词，给我讲讲吧！ ◇ 没念过书的母亲却常常说出一些大道理。
念＋过＋数量＋书		◇ 我小时候念过两年书，后来家里穷了，就不念了。 ◇ 他没念过几年书，所以只好打打工养活自己。 ◇ 王大妈不认识字，孩子也没念过几天书。 ◇ 念过两句书，就说自己有文化，真可笑！
书…念…	★★	◇ 我们要让所有的孩子都有书念。 ◇ 连个报纸都读不下来，你这书是白念了。 ◇ 这些日子，我什么事都做不下去，什么书都念不下去，只是想你。
念＋了＋(…)＋书 念了书	★★	◇ 念了书，明白了道理，就可以独立了。
念＋了＋数量＋书		◇ 我就不信，念了九年书，哪儿找不到一碗饭吃？ ◇ 父母靠卖鸡蛋供孩子念了十几年书，一直到考上大学。 ◇ 怎么，你念了几句书就了不起了，连父母都不放在眼里了？ ◇ 他念了一肚子的书※，有知识有文化，懂道理。 ※念了一肚子书：念了非常多的书。
念＋了＋形＋书		◇ 他念了很多的书，可就是不会算数，一买东西就犯傻。

离析形式	所占比例	例　句
念＋[数量]＋书 念＋[数]＋年/ 天/小时＋书	★	◇ 别看我没念几年书，可什么道理都明白。 ◇ 在这几个小时里学到的比我在大学念四年书学到的还要多得多。
念＋几本/句＋书		◇ 能念几本书，对于有些穷人来说已经是奢望了。 ◇ 儿子来这里念几句书就要交这么多钱，你们还讲不讲理了？
念＋点儿/些＋书		◇ 妈妈希望多念点儿书再结婚。 ◇ 小时候家里穷，没读多少书，现在就是想多挣点儿钱，再念点儿书。 ◇ 你老催孩子结婚干吗，让他们多念点儿书才是对的。 ◇ 爷爷希望我多念些书，将来读个博士。
念＋[补]＋书 念（不）好书	★	◇ 她的想法就是念好书，学到知识，好让父母过上好日子。 ◇ 你要是念不好书，就等着喝西北风吧！ ◇ 念好了书比什么都强，妈妈常这样说。
念完了书		◇ 念完了书你打算做什么？
念不下书		◇ 自从看见那个女孩儿，他念不下书，吃不下饭，一副失魂落魄的样子。
念惯了书		◇ 他在学校念惯了书，突然到公司工作，刚开始还真不习惯呢！
念＋[代]＋书 念＋你/他＋的＋书	★	◇ 念你的书吧，工作的事不着急呢。 ◇ 你跟他说让他安心念他的书，钱的事我来操心。

离析形式	所占比例	例　句
念什么书		◇ 饭都吃不上，还念什么书？ ◇ 你连"一"都不认识，还念什么书啊？
念＋形＋书 念那么多书	☆	◇ 你真是白念那么多书了，竟然对父母说出这样的话！
念死书		◇ 刚进入大学，很多学生还是在**念死书**※。 ※念死书：指死板地念书，只知道读书学习，不懂得运用知识。
念＋的＋书	☆	◇ 我爱人是在国外念的书，所以思维方式和我们是不一样的。
念＋名＋书	☆	◇ 念中国书的人都懂得尊师重道。
念＋着＋书	☆	◇ 他最小的女儿还在小学念着书呢。

P

P 001 排队	pái//duì 按顺次排在一起（stand in a line; stand in a queue）：大家~上车，不要挤。		
离析形式	所占比例		例句
排＋着＋(…)＋队 排着队	★★★		◇孩子们**排着队**，走到老师跟前，端起小盘子请老师分菜。 ◇买饭的人**排着队**，卖饭的老板快要忙不过来了。 ◇因为这款手机功能强大而且外观时尚，很多客户**排着队**要预订。 ◇演唱会结束后，大家**排着队**请他签名。 ◇天上有群大雁正**排着队**往南飞。
排＋着＋形＋队			◇周末来买东西的人很多，每个收银台前都**排着长长的队**。 ◇电影院门口**排着很长的队**，大家正耐心地等待着售票窗口打开。
排＋补＋(…)＋队 排起队（来）	★★		◇大家自发地**排起队**迎接从南极科学考察回来的同事，他们非常感动。 ◇第二天，他们在公司前**排起队**，唱着歌，向高层表示抗议。 ◇他说由于中国经济发展很快，很多外国商人已经**排起队来**要到中国投资。

离析形式	所占比例	例　句
排起了队		◇ 照相馆刚开业便招来了大批顾客，两个月后，要求照相的人竟在门外排起了队。 ◇ 客户在我的办公室门前排起了队。
排＋成＋(…)＋队		◇ 看到快要开饭了，大家赶紧到食堂的窗口前排成队等着买饭。 ◇ 孩子又哭又叫，该付的账单排成队，该洗的衣服堆成山，我快要崩溃了。 ◇ 为了安全，大家排成一队，继续向前走。 ◇ 虽然人很多，又下着大雨，可是人们自动排成两队，耐心地等着。 ◇ 六百多名男女学生喊着叫着为排成两队的球员们加油。 ◇ 企业破产之后，找张总要账的人排成了队。
排（不）上＋(…)＋队		◇ 这家公司的啤酒非常受欢迎，我们必须提前一年付款才能排上队。 ◇ 今年一月份要装修房子的人就排上队了，现在我们日夜加班也忙不过来。 ◇ 这时几个小青年也在队尾排上了队。 ◇ 这部电影太受欢迎了，这场没散，场外又排上了队。 ◇ 要想参观故宫，可得耐心排上一两个小时的队。 ◇ 爸妈小时候打一个电话要走很远的路，还要排上半天的队。
排好（了）队		◇ 站在旁边耐心等待的警犬也排好队，警员们把肉切成一块块抛给它们吃。 ◇ 老师让小学生们在屋子的中央排好队，手放在背后，然后才给我们每人发了几本书。 ◇ 孩子们听说要去动物园，立即排好了队等着出发。

145

离析形式	所占比例	例 句
排（不）到队		◇ 买票的人非常多，他等了很久，还是没排到队，更别说买到票了。 ◇ 她等了快一上午了，还是排不到队，就回家了。
排＋了＋(…)＋队 排了队	★★	◇ 你虽然排了队，但是再挤来挤去的话，我也可以把你拉出去。 ◇ 不仅事事要排长队，而且排了队也不一定能把事情办好。 ◇ 车一辆接一辆，像排了队放学回家的小孩儿。
排＋了＋数量＋ (…)＋(的)＋队		◇ 我拿了一个小椅子到火车站，排了几个小时队才买到了火车票。 ◇ 真没想到排了二十多分钟的队就把票买着了！ ◇ 早上起来，各种早点迅速在头脑里排了个队，豆浆油条跃入了脑海。 ◇ 他写好单子，却忘了让经理签字，只好去排了一次队。 ◇ 到那儿以后，他发现门口已排了一条长队。
排＋了＋形＋队		◇ 那会儿的学生，一游行就排了大队满街里走。 ◇ 他为了给妻子买一双鞋排了很久的队，这让妻子非常感动。
队…排…	★	◇ 最使人感到丧气的是，队眼看排到了，售票窗口却"啪"的一声关了门——下班时间到了。

离析形式	所占比例	例　句
		◇ 一听帮着排队的小王说队排到了，我们赶紧赶了过去。 ◇ 这里的点心很好吃，所以店门前的队总是排得长长的。
排＋数量＋队	☆	◇ **排半天队**※什么也没买到，如果是我，我也会生气的。 ※排半天队：排了很长时间的队，"半天"并不是确切的时间。 ◇ 他们常常**排几个小时的队**为孩子报名参加各种考试。 ◇ 过去看病得**排几次队**、花两个多小时，现在省时又方便！
排＋的＋队	☆	◇ **排的队**绕来绕去，已经延伸到门外了。
排＋形＋队	☆	◇ 我们学校食堂有两大问题：一是饭菜不好吃，二是吃饭**排长队**，有时要排二十多分钟。 ◇ 在那里购物要**排很长的队**，不过现在情况好些了。 ◇ 很多人反映到医院看病要**排很长的队**，浪费了很多时间。
排＋量＋队 排个队	☆	◇ 有了食堂确实省事，饿了只要**排个队**就能吃上饭了。 ◇ 如果给自己喜欢吃的菜**排个队**，我会把宫保鸡丁放在第一位。
排＋代＋(…)＋队 排＋这/那个＋队	☆	◇ 别的不说，光是**排那个队**，我就排烦了。

P 002 跑步 pǎo//bù 按照规定姿势往前跑（run；jog）：麦克喜欢晚上去操场~。

离析形式	所占比例	例句
跑+补+步 跑起步来	★★★	◇ 小家伙有点儿胖，**跑起步来**有点儿像小鸭子，非常可爱。 ◇ 我中学时有个同学，**跑起步来**像飞一样。
跑完步		◇ **跑完步**，我们很渴，于是就在马路边买了瓶水喝。 ◇ 不知道为什么，今天他**跑完步**回来特别开心。
跑+数量+步 跑一圈儿步	★	◇ 早晨空气污染还是很严重，出去**跑一圈儿步**等于抽很多包烟。
跑会儿步		√ 我出去**跑会儿步**，马上回来。
跑+数+小时/分钟+步		√ 我每天早上都要**跑半小时步**。
跑+着+步	○	√ 妈妈让我早上**跑着步**去学校，说这样可以锻炼身体。 √ 他一回头，看见老张**跑着步**喘着气向他奔过来。
跑+了+(…)+步 跑了步	○	√ 昨天晚上天气很好，我就跟妻子一起出去**跑了步**。 √ **跑了步**再喝水好，还是喝了水再跑步好？
跑+了+数量+步		√ 今天早上和妈妈一起**跑了一小时步**，可把我累坏了！ √ 他只**跑了三天步**，就坚持不下去了。
跑+过+步	○	√ 自从参加工作以后，我就再也没有**跑过步**。

P003 配套

pèi//tào 把一些相关的事物组合起来,成为一个整体(assort; form a complete set; mating):这些部件是~的,弄丢了就不好办了。

离析形式	所占比例	例句
配+和+套 配起套来	★★★	◇今年他又有新计划,准备建一座面粉加工厂,把农业和加工业**配起套来**。
配上套		◇这些零件刚买回来不久就丢了很多,**配上套**的不足一半了。
配不了套		◇这些零件已经不全了,**配不了套**。

P004 拼命

pīn//mìng ①不顾性命做某事(risk one's life):没有枪的战士也冲上战场去和敌人~。②用尽全部力量(exerting the utmost strenghth; with all one's might):他~地工作,才还清了债务。

离析形式	所占比例	例句
拼+了+(…)+命 拼了命	★★★	◇四天四夜,我们总共只睡了十几个小时,几乎是**拼了命**,总算把货安全运到了。 ◇五个人**拼了命**和敌人搏斗,终于冲出了包围。 ◇就算**拼了命**我也要考上北京大学。
拼+了+(…)+老命		◇这回我就是**拼了老命**,也要保护好我们的孩子们。 ◇为了跟张老头儿比赛象棋,我**拼了老命**也要赢,不能输。 ◇我就是**拼了这条老命**也要同他们斗争下去。

离析形式	所占比例	例　句
拼＋着＋(…)＋命 拼着命	★★	◇ 他这几年真是**拼着命**地工作啊！ ◇ 你这样**拼着命**没日没夜干，身体会吃不消的。 ◇ 有时候你**拼着命**想知道的事，其实是你最不必知道的事。
拼着老命		◇ 早知这次会病得起不了床，我**拼着老命**也要先把这本书写完。 ◇ 我就算**拼着老命**也要把这个坏蛋抓到。
拼＋形＋命 拼死命	★	◇ 这么好的人，**拼死命**※也应该帮她忙。 ※拼死命：奋死拼命。 ◇ 等坏人们推门时，我们**拼死命**堵住门，千万不能让他们进来。
拼老命		◇ 这回我们就是**拼老命**※也要拿个第一回来。 ※拼老命：也是拼命的意思，一般是指年纪大的人拼命。
拼＋补＋(…)＋命 拼＋上＋(…)＋命	★	◇ 为什么有人为了钱变得如此疯狂，**拼上命**引进这些污染严重的项目？ ◇ 吴强暗下决心，**拼上一条命**，也要带领员工改变落后状况。
拼＋出＋(…)＋命（来）		◇ 今天你们**拼出命来**也得赢了这场比赛。 ◇ 这次可是我们几个老队员**拼出老命**踢赢的。
拼＋掉＋(…)＋命		◇ 每天只睡三个小时的觉，难道你要**拼掉你的命**啊！

离析形式	所占比例	例句
命…拼…	☆	◇ 为了斗争，他们拿着**命**拼。 ◇ 如果父母不同意，他俩便会以**命**相**拼**。 ◇ 为了钱和地位，把老**命**拼上了，太不值得了。

P 005 破产

pò//chǎn 指债务人不能偿还债务时，法院根据本人或债权人的申请，做出裁定，把债务人的财产变价依法归还给债主，其不足之数不再偿还，也指丧失全部财产、计划的事情失败等（bankruptcy；insolvency；go broken；go into liquidation；lose all one's assets because of nartual disaster and so on）：放心吧，我们公司想办法还债，不会～的。

离析形式	所占比例	例句
破+了+产	★★★	◇ 由于经济形势不好，这家公司没过几年就**破**了**产**。 ◇ 他本来开了个汽车修理厂，没想到经营时间不长就**破**了**产**，妻子也离开了他。 ◇ 你害得我**破**了**产**，你也不会有好下场的！ ◇ 我现在只是一个**破**了**产**的穷人，不能给你幸福，咱们离婚吧。
破+谁+产	☆	◇ 你可能会有这样的疑问：企业**破**谁的**产**？最后受损失的是企业还是银行？
破+过+产	○	√ 我们老板以前**破过产**，但是后来他通过努力又开了家新公司。
破+不+产	○	√ 你放心吧，有了银行的这笔贷款，公司**破**不了**产**。
破+的+产	○	√ 他的公司是因为经营不善**破**的**产**。

Q

Q001 起草

qǐ∥cǎo 打草稿（draft；draught；draw up）：下星期要开公司大会，他在忙着～文件呢！

离析形式	所占比例	例 句
起＋了＋草	★★★	◇吃过晚饭，他又重新为合同起了草，一直忙到半夜。
起＋过＋草	○	√他曾经为我国的婚姻法起过草。
起＋＋草	○	√那份计划我已经起完草了，不过有些具体细节还需要再讨论讨论。
起＋的＋草	○	√这个计划是小王给我起的草。
起＋代＋草 起什么草	○	√A：明天的讲话我都已经起完草了。 B：你还起什么草啊，你不是经常在会议上讲话嘛！
起＋起＋草	○	√这个计划你先起起草，然后我们再开会讨论一下。
草…起…	○	√你这草是怎么起的，乱七八糟的！

Q002 起床

qǐ∥chuáng 睡醒以后从床上起来（get up）：他每天总是天刚亮就～。

离析形式	所占比例	例 句
起＋了＋床	★★★	◇爸爸像往常一样，按时起了床。 ◇那天我很早就起了床，等着和爸爸妈妈一起出去玩儿。

152

离析形式	所占比例	例 句
		◇ 他被闹钟惊醒,急忙翻身起了床。 ◇ 第二天一早,天还没亮,妈妈就把我叫起了床。 ◇ 等他醒来,发现全班小朋友都起了床,穿好衣服在地下玩儿。
起＋补＋床 起不来床	★	◇ 昨天晚上睡那么早,怎么今天还起不来床?
起得了/不了床		◇ 跟朋友约那么早,你起得了床吗? ◇ 老王已经病得起不了床了。 ◇ 每次加班回来,他都累得第二天起不了床,真让人心疼。
起＋过＋床	☆	◇ 放假以后,我早上从来没在七点以前起过床。
起＋的＋床	☆	◇ 我今天早上八点起的床。 ◇ 今天早晨叶民是在他的女朋友家里起的床。
起＋数量＋的＋床 起＋时量词＋的＋床	☆	◇ 你应该早起十五分钟的床,这样,你就不会这么着急了。 ◇ 他因为晚起二十分钟的床,上班迟到了,被罚了钱。
床…起…	○	√ 他昨天跟妈妈吵了一架,今天床也不起,饭也不吃,一个人在房间生气。

Q 003 起哄

qǐ//hòng(许多人在一起)胡闹,捣乱(a crowd jeer together):看比赛时为队员加油要文明,不能～。

离析形式	所占比例	例　句
起＋代＋哄 起什么哄	★★★	◇看球你们就好好看吧,**起什么哄**! ◇你跟着他们瞎**起什么哄**※啊? 　※瞎:没有根据的,没有原因的。瞎起哄:指没有原因、没有根据地起哄。 ◇老赵呀,不是我批评你,有人闹事,你不阻止,还在后面**起什么哄**呢?
起那哄		◇那是有钱人的娱乐,咱穷人**起那哄**干吗?
起＋数量＋哄 起点儿哄	★★	◇你以后能不能对别人的事情少**起点儿哄**啊?
起道/一道哄		◇我们就是**起道哄**,没反对,也不赞成。 ◇你们几个人是真想干点儿大事,还是就**起一道哄**?
起一通哄		◇几个人坐在台下,每上台一个选手,他们都要瞎**起一通哄**,最后被保安赶了出去。
起＋了＋(…)＋哄 起了一下哄	☆	◇他刚开始讲话,大家就**起了一下哄**,让他很尴尬。
起＋着＋哄	☆	◇几个坏小子也故意在台下**起着哄**。
起＋过＋哄	○	√你别冲我发火,你唱歌时我可没**起过哄**。
起＋的＋哄	○	√这次又是王强带头**起的哄**。
起＋起＋哄	○	√他们几个小流氓,过来一个女孩儿都要**起起哄**,逗逗人家,弄得很多女孩儿都不敢从这儿走了。

Q004 起身

qǐ//shēn ① 站起来，起立（rise; start）：你别~了，我顺便给你捎一杯水过来。② 动身，到较远的地方去（depart）：路比较远，我明天一早就~。

离析形式	所占比例	例 句
起＋了＋身	★★★	◇我们正聊天呢，他突然起了身，把我吓了一跳。 ◇看到客人来了，他赶紧起了身迎接。 √他们一大早就起了身，估计现在已经到天津了。
起＋过＋身	○	√除了去关过一次门，他再也没起过身。 √他自从坐下就再也没起过身。
起＋补＋身 起不了身	○	妈妈的腿病又犯了，躺在床上起不了身。
起＋的＋身	○	√听说他已经去北京了，什么时候起的身？

Q005 请假

qǐng//jià 因病或因事请求在本应工作或学习的时间不工作或不学习（ask for leave; leave）：你生病了就别去上课了，我帮你~。

离析形式	所占比例	例 句
请＋了＋(…)＋假 请了假	★★★	◇他以孩子生病为由请了假，然后就去了香港。 ◇这次会议，除了几位有特殊情况的事先请了假之外，其他人全部按时出席了。 ◇听说家里出了事，我马上请了假往家赶。
请＋了＋数量＋假		◇他跟杨老板请了几个小时的假，然后就走了。 ◇妈妈生病了，我向老板请了三天假，回家照顾妈妈。

离析形式	所占比例	例句
		◇ 林主任了解了情况后，给小王**请**了两周**假**。 ◇ 马华急急忙忙**请**了个**假**，出了办公楼。
请＋数量＋假 请＋时量词＋假	★★	◇ 趁老板心情好，我去**请几小时的假**。 ◇ 去年12月下旬，李总的父亲住院做手术，他忙于工作，未**请一天假**去照顾。 ◇ 跟你们老板讲讲，**请几天假**好不好？ ◇ 大学老师的时间比较自由，所以她每学期要**请三分之一时间的假**去旅游。
请＋数＋次＋假		◇ 有一次丈夫住院做手术，她问经理能不能**请一次假**，经理都不同意。
请一个假		◇ 我不会违反纪律，任何情况下也不想违反纪律，我只想**请一个假**。
请（一）点儿假		◇ 妻子打算**请点儿假**，专门去国外照顾女儿。
请＋量＋假 请个假	★	◇ 老师，我想**请个假**。 ◇ 你就**请个假**，带孩子去看看熊猫吧！ ◇ 我有点儿事，找经理**请个假**去。 ◇ 妈妈，您就不能**请个假**陪我去试试新礼服啊？
请＋过＋(…)＋假 请过假	★	◇ 放心吧，我出来时已经向老板**请过假**了。 ◇ 你跟公司**请过假**了吗？
请＋过＋时量词＋假		◇ 工作四年，小杨没**请过一天假**。 ◇ 丈夫是公司主管，就连自己生孩子，丈夫都没**请过一分钟假**。

离析形式	所占比例	例句
		◇ 在您生病或住院期间，您的子女为照顾您，最长**请过几天假**？
请＋过＋数＋次＋假		◇ 他一年里边没有**请过一次假**。
请＋补＋(…)＋假 请不了假	☆	◇ 莎莎，妈妈真的**请不了假**，现在公司太忙了，你还是和爸爸一起去旅行吧！
请下假		◇ 有几个同学想来北京玩儿，可是我没**请下假**，没法陪他们，只能让他们放假时再来了。
请＋上＋数量＋假		◇ 我们都劝她**请上几天假**回老家看看，可是她就是不请。 ◇ 这病不容易好，估计得**请上半年假**。 ◇ 这个学生每学期中总得**请上至少两三个礼拜的假**。
假…请…	☆	◇ 年底公司很忙，一天**假**都不能**请**。 ◇ 在公司办公室干了几年，她一直很努力，连病**假**都没**请**过一天。 ◇ 我看看手表，办这事前后只花了十来分钟，我今天这半天**假**算是白**请**了。
请＋的＋假	☆	◇ 她母亲打电话为她**请的假**，说是生病了。
请＋形＋假 请大假	☆	◇ 我就快**请大假**结婚了，所以现在忙着处理很多工作上的事情。
请＋着＋假	☆	◇ 开学好几天了，他还没来过学校，听说**请着假**呢。
请＋代＋假 请什么假	☆	◇ 你都病成这样了，还去**请什么假**啊，先去看病吧！

Q006 请客

qǐng // kè 请人吃饭、看电影等（entertain guests; feast; stand treat）：非常感谢你来北京看我，今天我～！

离析形式	所占比例	例　句
请＋了＋(…)＋客 请了客	★★★	◇ 在我们家乡，男方**请了客**、送了礼，俩人的婚事差不多就定了。 ◇ 他旅行花了很多钱，没钱请我们吃饭，就买了些蔬菜肉类在家随便做点儿，算是**请了客**。
请＋了＋数量＋客		◇ 他不仅还完了债务，还用剩下的钱**请了一次客**。 ◇ 他在北京饭店**请了一次客**，说是庆祝自己初恋情人的生日。 ◇ 女儿满月时，他在香格里拉饭店**请了十桌客**。
请＋了＋名＋客		◇ 他生日的时候**请了同学的客**，带着大家去全聚德吃了一顿烤鸭。
请＋名/代＋客	★★	◇ 他擅长交际，动不动就**请人客**，跟大家关系处得很好。 ◇ 我考上了北京大学，爸爸说要**请大家客**，可是一直没请。 ◇ 我今天生日，该你**请我的客**。 ◇ 我打算今天中午用第一次发表文章的稿费**请朋友的客**。 ◇ 又不过年过节的，**请什么客**？ ◇ 物价上涨，你**请什么客**啊，大家各自付各自的钱吧！

离析形式	所占比例	例　句
请＋(名/代)＋数量＋客 请＋(名/代)＋数＋次＋客	★★	◇ 请一次客没有几千元拿不下来。 ◇ 我们老板每年年底都要请一次客，以表示对员工的感谢。 ◇ 他每年都要在家里请我们两次客，一次是端午节，一次是中秋节。 ◇ 他帮了我不少忙，我想请他一次客。
请＋数＋桌＋客		◇ 我一个月的工资，只够在小饭馆儿请一桌客。 ◇ 我们这里，结婚肯定要请几桌客，放几挂鞭炮。
客…请…	★	◇ 今天这个客，我来请吧！ ◇ 以前十几块钱就能把一顿客请了，现在几百块钱也不够了！
请＋过＋(…)＋客 请过客	☆	◇ 他很小气，从没请过客。
请＋过＋数量＋客		◇ 我在北京饭店请过两回客，把工资都花没了。
请＋量＋客 请个客	☆	◇ 自从买了房子，在家请个客什么的方便多了。
请＋补＋客 请起客来	☆	◇ 别看他一个月工资只有两三千，请起客来却一点儿不小气。
请＋的＋客	☆	◇ 上次是他请的客，这次轮到我了。
请＋请＋客	○	√ 后天女儿生日，免不了要请请客什么的，我们多取点儿钱吧。

R

R 001 让步

ràng//bù 在争执中作出退让（give in; yield; come to terms; concede to）：你别说了，我不会~的。

离析形式	所占比例	例句
让＋数＋步 让一步	★★★	◇夫妻俩生起气来谁也不肯**让一步**。 ◇双方最终各**让一步**，把这件事情给解决了。
让＋了＋(…)＋步 让了步	★★★	◇在增加工资这个问题上，公司最终还是**让了步**。 ◇虽然父母不满意她的男朋友，但还是**让了步**，同意他们交往了。
让＋了＋数＋步		◇我们说了好久，老板终于**让了一步**，但是还很犹豫。
让＋了＋名/代＋数＋步		◇比赛时，要不是汪峰**让了李强一步**，李强根本赢不了。
让＋名/代＋(…)＋步 让＋名/代＋数＋步	★	◇在这件事上，我们还是**让她一步**好！ ◇这次你得**让我一步**，让我先选。
步…让…	★	◇对不起，在这件事上，我们无**步**可**让**。 ◇记住，不该让的时候半**步**也不能**让**。

离析形式	所占比例	例 句
让+量+步 让点儿步	☆	◇ 双方都让点儿步，总能找到都可以接受的办法的。 ◇ 咱们能再互相让点儿步吗？
让+过+步	☆	◇ 这一点我任何时候都没有让过步。
让+的+步	○	√ 我劝了他很久，他才让的步。
让+让+步	○	√ 不管怎么说，他是你兄弟，你就让让步吧！

R 002 入学

rù//xué 开始进入学校学习（be enrolled in; enter a school; entrance; matriculate; matriculation）：明天体检合格的话，后天就可以～。

离析形式	所占比例	例 句
入+了+学	★★★	◇ 入了学，就不能再这样整天玩儿了。 ◇ 这个小学的建成，使这里的小孩子全部入了学。 ◇ 来，咱俩喝一杯吧，明天入了学，就没什么机会见面了。
入+过+学	★★	◇ 爷爷小时候入过学，会背很多诗。
入+补+学 入得了/不了学	★★	◇ 孩子才四岁，入得了学吗？ ◇ 不交钱就入不了学，这可把妈妈愁坏了。
入+的+学	○	√ 我家孩子四岁入的学，现在已经上五年级了。
学…入…	○	√ 没有钱，孩子这学就入不了，你说我能不着急吗？

S

S 001 散步		sàn//bù 以锻炼或娱乐为目的，随便走走（take a walk; go for a walk; walk; promenade; toddle）：他出去～了，你坐下等会儿吧。
离析形式	所占比例	例 句
散＋数量＋步 散（一）会步	★★★	◇每天吃完晚饭，他都要出去**散**会儿**步**。 ◇没事做就出去**散**会儿**步**吧！ ◇你愿意和我去**散**一会儿**步**吗？
散＋(数)＋回＋步		◇每到黄昏，他总要出去**散**回**步**。 ◇每天**散**几回**步**对身体很有好处。
散＋数＋次＋步		◇每天他们总要在一起**散**几次**步**。
散＋着＋步	★★	◇很多人在公园里轻松地**散着步**。 ◇从我家到工作的地方只有十分钟，我**散着步**就到了。 ◇我和朋友在静静的小河边聊着天儿**散着步**，心情非常不错。
散＋了＋(…)＋步 散了步	★★	◇我们俩刚出去**散了步**，就不去了，你们去吧！
散＋了＋数量＋步		◇爷爷**散了**一下午的**步**，刚回来。 ◇吃过饭，在院子里**散了**一会儿**步**，我们就睡觉了。 ◇在操场跑了十圈，回家的路上我都快走不动了，而他却好像只是**散了**一次**步**，走得飞快。

离析形式	所占比例	例句
散＋过＋步	★	◇ 结婚以后,他从没一个人散过步。 ◇ 他恍惚记得自己和某个女人在这里散过步。 ◇ 离开公司之前,我又去林明和王红一道散过步的地方看了看。
散＋量＋(…)＋步 散个步	★	◇ 现在还早,我们出去散个步吧。
散＋个＋形＋步		◇ 喝个小酒,散个小步,你这小日子过得不错啊。
散＋补＋步 散完步	☆	◇ 散完步,她又看了会儿电视才去睡觉。
散＋散＋步	○	√ 吃完饭出去散散步再睡觉,要不对身体不好。
散＋代＋步 散什么步	○	√ 外面下大雨了,还散什么步啊,早点儿休息吧!

S002 伤心

shāng∥xīn 难过,悲伤 (grief; grieve):听了男朋友绝情的话,小王～极了。

离析形式	所占比例	例句
伤＋了＋(…)＋心 伤了心	★★★	◇ 阿梅伤了心,以后不敢再轻易相信别人了。 ◇ 她被自己的丈夫伤了心,所以决定要和他离婚。

离析形式	所占比例	例　句
伤＋了＋名＋心		◇ 你太自私，只为自己考虑，这次真是**伤了朋友的心**。 ◇ 经理说，不要让这些小事**伤了顾客的心**。
伤＋了＋代＋心		◇ 他每次都是这样，**伤了别人的心**自己还不知道。 ◇ 说实话吧，又怕**伤了你的心**，所以大家都没有告诉你。 ◇ 王红的无情又一次**伤了他男友的心**。
伤＋了＋数量＋（形）＋心		◇ 他没想到自己所做的一切竟然伤了一颗善良的心。
伤＋名/代＋心 伤＋名＋心	★★	◇ 因为怕**伤孩子的心**，所以才编造了各种谎言。 ◇ 张经理，你这样说话太**伤人心**了。 ◇ 我发誓以后再也**不伤妈妈的心**了。
伤＋代＋心		◇ 你们几个孩子，就你最**伤我的心**！ ◇ 她对你那么好，你不要再**伤她的心**了。 ◇ 她决心离开这个**伤她心**的男人。
伤＋补＋（…）＋心 伤＋着(zháo)＋名/代＋心	★	◇ 不赞同不要紧，可以再商量，千万别批评孩子，**伤着孩子的心**。
伤＋透了＋（…）＋心		◇ 她肯定是**伤透了心**才跟他分手的。 ◇ 他的这些话使女朋友**伤透了心**。 ◇ 他这样做，**伤透了父母的心**。 ◇ 这句话肯定**伤透了他的心**，因为他以后一直没有再联系她。
伤起心来		◇ 一提到以往的男友，她还是忍不住**伤起心来**。

离析形式	所占比例	例　句
心…伤…	★	◇ 和男朋友分手后,她的**心**都**伤**透了。 ◇ 你**伤**谁的**心**都可以,妈妈的**心**可不能**伤**。 ◇ 你的**心**可能从来没有**伤**过,所以不知道这是什么感觉。
伤＋过＋(…)＋心 伤过心	☆	◇ 这一辈子,只有你为我真正**伤过心**。
伤＋过＋名/代＋心		◇ 有着温和笑容的爸爸不曾伤过任何人的心,更不必说**伤过**妈妈**的心**。 ◇ 为了你,母亲不知道流过多少泪,**伤过**多少**心**。
伤＋着＋(…)＋心 伤着心	☆	◇ 全家人正为了这件事**伤着心**呢,你来得正好,给出出主意,想想办法吧。
伤＋着＋名/代＋心		◇ 那悲哀的钢琴声,又开始没完没了地**伤着人的心**。

S 003 上当

shàng // dàng 受骗吃亏（be caught with chaff; be duped; be fooled; swallow the bait）：别在大街上买小贩的水果,容易～。

离析形式	所占比例	例　句
上＋了＋(…)＋当 上了当	★★★	◇ 东西买回家才发现**上了当**,被人家骗了。 ◇ 回到老家,合作伙伴就一点儿消息都没有了,老张就开始怀疑是否**上了当**。
上＋了＋名/代＋当		◇ 回到家,才知道**上了**那个骗子**的当**。 ◇ 做买卖要真诚,人家**上了你的当**,谁还会相信你,和你做生意? ◇ 那小子,特别狡猾,小心别**上了他的当**。

离析形式	所占比例	例句
上＋了＋数＋当		◇ 听到朋友的解释，我才明白，自己上了一当。
上＋了＋数量＋当		◇ 等你上了第二次当，你再后悔也来不及了。
上＋了＋代＋数量＋当		◇ 上了他一当，才知道这个人不实在，不可交。 ◇ 有很多贪图便宜的人上了他三四次当了呢。
上＋了＋形＋当		◇ 因为想占点儿小便宜，就上了大当，吃了大亏。
上＋名/代＋当	★★	◇ 很多男人因为上美貌的当，损失了很多钱，有的甚至失去了自己的家庭。 ◇ 我从不受外界的影响，所以也就绝不会上什么当。 ◇ 妹妹太单纯，一个人外出打工，我和父母都担心她会上别人的当。 ◇ 他干他的，咱干咱的，不和他合作，就不会上他当。 ◇ 你为什么明明知道他在骗你，还要上这个当？ ◇ 我明白里面是怎么操作的，所以我就不上那个当。 ◇ 只要咱们保持头脑清醒，就不会上那份当。
上＋过＋(…)＋当 上过当	★	◇ 做买卖谁没吃过亏，上过当呢？ ◇ 小罗聪明，也一样上过当，跑到北京发现根本没有那么一个公司。
上＋过＋动＋当		◇ 很多顾客都上过促销的当。

离析形式	所占比例	例　句
上＋过＋名/代＋当		◇ 很多人都上过那位张经理的当，却未见过他的面。
上＋过＋(名/代)＋数量＋当		◇ 我就因为贪图小便宜，上过好几次当。 ◇ 我已经上过他一回当，所以就不会再相信他了。
上＋数量＋当	☆	◇ 既然事情已经这样了，那就上两千块钱当把人领回来吧。 ◇ 吃过一次亏，我就绝不会再上第二次当。 ◇ 顾客们多留点儿意，就会少上些当。 ◇ 算了，就算上一当买个教训，下次小心点儿就是了。
上＋形＋当 上糊涂当	☆	◇ 老农民没有知识就会吃哑巴亏，上糊涂当※。 ※上糊涂当：因为糊涂而上当。
上大当		◇ 到市场买东西，可千万别为占小便宜上大当※。 ※上大当：上当后，损失很大。 ◇ 听说他这回可上大当了，亏了两百万呢！
当…上…	☆	◇ 都说去医院就会上当，但是孩子一病，这个当你非上不可。
上＋补＋当 上不了当	○	√ 放心吧，我都这么大了，上不了当。
上＋的＋当	○	√ 你上次就是在他那儿上的当，怎么还不吸取教训啊？

S004 上任

shàng//rèn 指开始担任某一领导职务（take a post）：新市长明天就要～了。

离析形式	所占比例	例句
上＋了＋任	★★★	◇新总统一个月前上了任。
上＋不了＋任 上不了任	○	√因为出现了一些特殊情况，他到现在还上不了任。
上＋的＋任	○	√他去年三月份上的任。

S005 上台

shàng//tái 开始担任某一领导职务或掌权（多含贬义）（assume the reins of government; rise to power）：他～后，贪污了很多钱。

离析形式	所占比例	例句
上＋了＋台	★★★	◇爸爸退位后，儿子上了台。 ◇这种人上了台也只会贪污，什么对大家有利的事也做不了。 ◇他上了台后，总是批评自己的员工，大家都不喜欢他。 ◇大家都期待新政府上了台会采取一些好的措施改变现在的状况。
上＋的＋台	☆	◇他是1998年上的台。
上＋不了＋台 上不了台	○	◇要不是有他当省长的叔叔帮忙，他才上不了台呢！

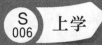

S 006 上学 shàng//xué 去学校接受教育（go to school）：他十几岁时就一个人去外地的学校~了。

离析形式	所占比例	例　句
上＋过＋(…)＋学 上过学	★★★	◇ 因为家里穷，他没有上过学。 ◇ 您上过学吗？ ◇ 他曾经在北京大学上过学。
上＋过＋数量＋学		◇ 我只上过一年学，认识的字不多。 ◇ 虽然他上过几年学，但是学的东西早忘记了。 ◇ 这个孩子没有上过一天学，却能背好几百首诗。
上＋了＋(…)＋学 上了学	★★	◇ 在好心人的帮助下，姐弟俩上了学。 ◇ 现在全村的孩子都上了学。 ◇ 上了学就不能天天玩儿了。
上＋了＋数量＋学		◇ 她才10岁，已经上了六年学了。 ◇ 他不爱说话，上了一年多学了，还没认识几个同学。 ◇ 王喜上了不到三个月学，就到工厂当工人了。
上＋补＋(…)＋学 上得起/不起学	★★	◇ 现在这里的生活好了，孩子们也上得起学了。 ◇ 地方政府也该想想办法，尽量让每个农村孩子都能上得起学。 ◇ 穷地方的孩子总是上不起学。 ◇ 那个大明星捐了很多钱给上不起学的孩子。

离析形式	所占比例	例　句
上得了/不了学		◇ 她生病了，躺在床上几天上不了学。 ◇ 他因为交不起学费而上不了学。
上＋完＋(数量)＋学		◇ 他必须努力赚钱才能供孩子上完学。 ◇ 上完三年学，还要实习一年呢。
上＋好＋(数量)＋学		◇ 你安心上好学，钱的事我来解决。 ◇ 上好这四年学，你就不用担心找不到工作了。
上＋满＋数量＋学		◇ 小时候家里穷，他还没上满一年学。
学…上…	★	◇ 因为家里穷，他一天学也没上过。 ◇ 现在的孩子，有饭吃，有学上，多幸福啊，哪像我们那时候，吃不饱，没学上。 ◇ 这学咱上不起，一年要五六万呢。 ◇ 他连学都不上了，一天到晚玩儿网络游戏。 ◇ 你现在是学生，把学上好是你最重要的事情。
上＋数量＋学	★	◇ 他才比我多上几天学呀，就对我指手画脚的。 ◇ 我学会钓鱼后，总是上半天学钓半天鱼。 ◇ 他一年只上三个月学，其他时间都在工作。 ◇ 他想工作，可是爸爸不同意，要他再上两三年学再出去工作。
上＋代＋学 上什么学	☆	◇ 高考500分能上什么学？ ◇ 关于儿子该上什么学的问题，我跟妻子没少争吵。 ◇ 你都三十多了，还上什么学？
上＋着＋学	☆	◇ 他上着学，也不忘写他的小说。 ◇ 十八岁那年，我还上着学呢。

离析形式	所占比例	例句
上＋的＋学	☆	◇ 我七岁那年上的学。

S007 摄影

shè // yǐng 照相（take a photograph）：这是一本～杂志，里面的文章和图片都是关于照相的。

离析形式	所占比例	例句
摄＋一＋影	★★★	◇ 有一次，他们在一起开会，谈得颇为投机，于是合摄一影，并题了诗词。

S008 伸手¹

shēn // shǒu 向别人或组织要（东西、荣誉等）(ask for something)：他们不管有什么困难，从来不向国家～。

离析形式	所占比例	例句
伸＋过＋手	☆	◇ 他就是这样，办企业从来没向政府伸过手。 ◇ 他为人民为政府服务了一辈子，从没因为私利向政府、向人民伸过手。
伸＋代＋手 伸这个手	☆	◇ 老王那么小气的人，你跟他伸这个手干吗？ ◇ 国家也有难处，我是共产党员，不能向国家伸这个手啊！
伸＋了＋手	☆	◇ 最近他失了业，孩子又得了重病，需要很多钱，没办法，他只好向父母伸了手。
伸＋数量＋手 伸＋数＋次＋手	☆	◇ 老孙，你是对国家有过大贡献的人，为了孩子，就向国家伸一次手吧！

| S 009 伸手² | shēn//shǒu 比喻做某事，提供帮助等（stretch out）：家务活儿这么多，你也不～帮帮我。 |||

离析形式	所占比例	例 句
伸＋出＋(…)＋手 伸出手（来）	★★★	◇ 让我们**伸出手来**，帮帮这些可怜的孩子们吧！
伸＋出＋(…)＋之/的 （双）手		◇ 他的同学不管谁有困难，他都会**伸出援助之手**。 ◇ 这项向失业者**伸出温暖之手**的工程是1994年提出的。 ◇ 如果我们身边有需要帮助的人，我们一定会**伸出援助的手**去帮助他们的。 ◇ 一个一无所有的人，向自己憧憬的幸福**伸出试探的手**，不会有什么损失。 ◇ 从一二百到一两万，他利用自己手中的权力，一次次地**伸出肮脏的手**。 ◇ 永远不要犹豫**伸出你的手**，也永远不要犹豫接受别人**伸出的手**。 ◇ 看到别人有困难时，我们不妨**伸出自己的手**，拉别人一把。 ◇ 同情一个有困难的人，**伸出温暖的双手**去帮助他是我们应该做的。 ◇ 让我们**伸出友爱的双手**，帮帮这个可怜的小女孩儿吧！
伸＋出＋了＋(…)＋ 之/的（双）手		◇ 老师同学知道我家的情况后，纷纷向我**伸出了援助之手**。 ◇ 地震发生之后，中国各界纷纷**伸出了支援之手**，献上了一份份真诚的爱心。 ◇ 在金钱的诱惑下，他向自己的父母**伸出了罪恶之手**。 ◇ 8岁那年，命运之神向我**伸出了幸运之手**，我获得了全国钢琴大赛的冠军。

离析形式	所占比例	例　句
		◇ 两千名师生主动**伸**出了爱心之**手**，为灾区捐款捐物。 ◇ 正当我陷入失望和屈辱的深渊时，四面八方都**伸**出了援助和同情的**手**。 ◇ 就在那个寒冷的夜晚，他们向一位少女**伸**出了罪恶的**手**。 ◇ 当知道她因为经济困难上不起学时，大家向她**伸**出了热情的双**手**。 ◇ 他的事情在电视台报道之后，很多好心人向他**伸**出了温暖的双**手**。
伸出的手		◇ 政府**伸出的手**，帮助灾区人民建设家园，受到了大家欢迎。
伸＋来＋(…)＋手		◇ 在他困难的时候，是政府向他**伸来**援助之**手**，帮他交了学费。
伸出来的手		◇ 在困难的时候，社会各界对我**伸出来的手**至今让我难忘。
伸上一手		◇ 这可是个赚钱的大好机会，谁都想**伸上一手**。
伸＋数量＋手 伸把手	☆	◇ 他说谁都会有困难，我们应该遇事**伸把手**，帮一下那些需要帮助的人。 ◇ 到时候你也**伸把手**，帮他们把公司办好。 ◇ 什么吃亏不吃亏的，能替别人**伸把手**就**伸把手**呗！
伸＋一＋伸＋手	☆	◇ 他是你弟弟，现在这么困难，你难道不应该向他**伸一伸手**吗？

S010 升学

shēng//xué 由低一级的学校进入高一级的学校（enter a higher school）：你怎么不参加~考试？

离析形式	所占比例	例　句
升+补+学 升得了/不了学	★★★	◇ 由于他数学不及格，所以今年升不了学了。 √ 天天不学习，这样下去，怎么升得了学啊？
升+了+学	○	√ 通过努力，他这次总算顺利升了学，不用再留级了。

S011 生气

shēng//qì 因不满意而发怒（get angry; irate）：孩子考试成绩很差，妈妈非常~。

离析形式	所占比例	例　句
生+名/代+气 生+名+气	★★★	◇ 别再生女儿的气了，她还是个孩子啊。 ◇ 他们已经不再生对方的气了，看来就快和好如初了。 ◇ 他还在生今天早上的气。 ◇ 昨晚你真的生王明气啦？
生+代+气		◇ 怎么啦，又生谁气呢？ ◇ 你没生我气吧？ ◇ 你也是为我着想，我生什么气啊！ ◇ 与其生别人气，不如找找自己的问题。 ◇ 我的心情不好，你不要生我的气。 ◇ 你不打招呼就出了国，我们真的生你的气了。 ◇ 一个星期了都不接他的电话，看来你是真的生他的气了？ ◇ 比赛表现得并不理想，所以都一个星期了，她还在生自己的气呢。

离析形式	所占比例	例　句
生＋了＋(…)＋气 生了气	★★★	◇ 爸爸一听我考试没及格，立刻**生了气**，拿起手里的书就要打我。 ◇ 我们正在聊天，他不知为什么就**生了气**，转身就走了。 ◇ 吃晚饭的时候，我们谈起一件小事，他竟然**生了气**，放下筷子就走了。
生＋了＋名/代＋气		◇ 林辉突然站起身来，好像**生了**自己的**气**似的，脸一下子就红起来了。 ◇ 他不知**生了**哪门子**气**，见谁骂谁。
生＋了＋形＋气		◇ 爸爸这下可是**生了**大**气**，你还是先别回家了，免得挨骂。 ◇ 不知道为什么，他突然**生了**很大的**气**。 ◇ 我没想到这样做会惹得您**生了**这么大的**气**，以后再也不敢了。
生＋了＋数量＋ (形)＋气		◇ 冬宝**生了**一天的**气**，睡了一晚的觉，第二天竟和没事儿人一样，还是有说有笑。 ◇ 他在家里和老婆吵架，**生了**一肚子**气**，穿着睡衣就上班去了。 ◇ 即使在外面**生了**一点儿**气**，只要回到家，看到可爱的儿子，他就立即高兴起来。 ◇ 可是想不到十分钟还没过，女朋友又**生了**一回**气**。 ◇ 因为住房的问题，他和儿子**生了**一场大**气**。 ◇ 他一个人躲在房间里**生了**半天闷**气**，谁叫门也不开。

离析形式	所占比例	例句
生+补+(…)+气 生起/不起气来	★★	◇ 她父亲一生起气来就会大喊大骂。 ◇ 好好儿的，怎么又生起气来了啊？ ◇ 看着孩子可爱天真的样子，就算犯了错误也生不起气来。
生+出/不出+(…)+气		◇ 被误解了，她却呆呆地站着，说不出话，生不出气。 ◇ 一句话又让唐娜生出一肚子气来。
生不得气		◇ 病人生不得气，小心气急伤身体。
生完气		◇ 她很简单，生完气就全忘了。
生得起气		◇ 您这么大年纪了，生得起气吗？小心身体啊！
生+形+气	★	◇ 我没想到我的话让她生这么大的气。 ◇ 小事一件，您何必生那么大的气呢？ ◇ 小王这孩子也太小心眼儿，不断地生小气，这样怎么交朋友。 ◇ 他饭也不吃，一个人躲在屋里生闷气※。 ※生闷气：一个人生气的时候只是自己呆着，不和其他的人说话、交流。 ◇ 你这叫生闲气※，孩子们大了，不要再管他们了，让他们自己决定自己的事情吧！ ※生闲气：因一些无关的事而生气。
生+着+(…)+气 生着气	☆	◇ 我走进房间的时候，大姐正生着气，饭放在一边，动也没动一下。 ◇ 儿子生着气说："这个星期我去朋友那里住，不在家里听你们吵架了！"
生+着+形+气		◇ 文博士在屋子里生着闷气，他爱人也一声不吭地坐在一边发呆。

离析形式	所占比例	例　句
生＋着＋名/代＋气		◇ 我回头看见罗林，她斜靠在墙上，低着头，好像**生着**谁**的气**，又仿佛很累的样子。
生＋数量＋气 生＋这/那份＋气	☆	◇ 她这个人就是自私，你也不必跟她**生这份气**。
生一肚子气		◇ 你别再管他了，他又不听你的话，白**生一肚子气**干吗？
生一辈子气		◇ 你要和他结婚，你妈肯定得**生一辈子气**。
生一场气		◇ 误会了，白白让大姐**生一场气**。
生点儿气		◇ 我就是这样，喝点儿酒，或者**生点儿气**，脸就红起来。
生个气		◇ 天天在一块儿，少不了**生个气**、红个脸的。
生＋过＋(…)＋气 生过气	☆	◇ 他这人，整天开开心心的，好像从没**生过气**。 ◇ 孩子不懂事，老师不但不曾**生过气**，还这么体贴照顾，我真的非常感激。
生＋过＋名/代＋气		◇ 结婚一个来月，两个人从来都没**生过**对方**的气**。 ◇ 我非常爱她，不管她做错了什么，我从没**生过**她**的气**。
生＋过＋数量＋气		◇ 为了房子的事情，夫妻俩吵过几次架，**生过几次气**，但很快就过去了。
气…生…	☆	◇ 为了考大学，父女俩架没少吵，**气**没少**生**。 ◇ 大家一劝，那个女人的**气**可就越**生**越大了。 ◇ 为什么你老给自己找别扭，惹**气生**呢？

离析形式	所占比例	例句
生＋的＋(…)＋气	☆	◇两个人都是为了一些小事情而生的气。 ◇你这又是生的哪门子气啊※？ ※哪门子：什么，用于反问，表示原因。

S 012 生效

shēng//xiào 发生效力，起了作用（become effective; go into operation; in operation; inure; take effect）：这份合同总经理还没签字，所以不能～。

离析形式	所占比例	例句
生＋形＋效 生奇效	★★★	◇便利店老板告诉我，用这种牙刷，配合着这种漱口水，能生奇效※。 ※生奇效：产生好得让人惊奇的效果。 ◇你按我说的方法用这种药水洗头，如此数次，必生奇效。 ◇这个办法果生奇效，问题很快解决了。
生＋了＋效	★	◇大家一看这种方法生了效，纷纷跟着模仿。
生＋的＋效	○	√这条规定是什么时候生的效？
生＋过＋效	○	√这条法律虽然制定出来了，但是从来没有生过效。

S 013 失学

shī//xué 上不了学或中途退学（unable to go to school）：因为家里没钱，他～了。

离析形式	所占比例	例句
失＋了＋学	★★★	◇这点儿钱，代我转交给老师，我们不能让孩子失了学。 ◇他八岁那年失了学，后来一直跟着父亲在地里干活儿。

离析形式	所占比例	例 句
失＋过＋学	★★★	◇这些孩子有的**失过学**，有的根本就没上过学。 ◇曾经**失过学**的他，特别理解这个孩子想上学的急切心情。
失＋着＋学	○	√到底现在有多少孩子因为家里穷而**失着学**呢？
失＋的＋学	○	√他是因为家里穷交不起学费**失的学**。
失＋不了＋学 失不了学	○	√要不是爸爸去世，家里没了经济来源，他是**失不了学**的。

S014 失业

shī//yè 应该工作的人找不到工作或失去工作（idleness; in dry dock; on the wallaby track; unemploy）：自从去年～以后，他一直没有找到新的工作。

离析形式	所占比例	例 句
失＋了＋业	★★★	◇他几年前**失了业**，现在又离了婚，真够倒霉的。 ◇他**失了业**之后，花了很长时间才找到工作。 ◇我早就**失了业**，可是一直没敢告诉朋友。 ◇因为经济形势不好，我们公司倒闭了，我也**失了业**。 ◇对于一个**失了业**的人来说，有什么比一份安定的工作更重要呢？
失＋过＋业	☆	◇听说我们现在的老板曾经因为公司破产还**失过业**呢！ ◇**失过业**的人，才知工作的珍贵！
失＋着＋业	○	√大学毕业都好几年了，我还**失着业**呢！ √你不是还**失着业**吗？怎么买这么贵的衣服？

离析形式	所占比例	例 句
失＋的＋业	○	√他五月份**失**的**业**，到现在还没找到工作呢！

S015 失约

shī // yuē 没有按约定去做（break an appointment）：我等了一个小时你也没来，你怎么又～了？

离析形式	所占比例	例 句
失＋了＋(…)＋约 失了约	★★★	◇我们约了晚上七点见面，没想到他竟**失了约**。 ◇他说他母亲突然病了，要送母亲去医院，所以**失了约**。
失＋了＋数量＋约		◇你算算，自从咱俩谈恋爱以来，你**失了**几次**约**？
失＋过＋(…)＋约 失过约	○	√他这个人守信用，从没**失过约**。
失＋过＋数量＋约		√有了那次教训，以后和朋友相约出去玩儿时，他再也没**失过**一次**约**。
失＋数量＋约 失一次约	○	√偶尔**失**一次**约**没什么问题，但是总是失约就太过分了。

S016 失踪

shī // zōng 找不到了（abscondence; disappearance）：他已经～很多年了，一直没有人见到过他。

离析形式	所占比例	例 句
失＋了＋踪	★★★	◇就在结婚的前一天，她突然**失了踪**。 ◇第二天早晨起床后他发现，跟他一起来的旅客都**失了踪**！

离析形式	所占比例	例 句
		◇ 宿舍被盗，同屋丢了很多东西，我赶紧找自己的东西，手机、钱包什么的也**失**了**踪**。 ◇ 看到电影里的情节，他想起在战争中死了的儿子，和两个**失**了**踪**的孙子。
失＋的＋踪	○	√ 他上个月**失**的**踪**，已经快二十天了，大家还是没找到他。

S017 施工

shī // gōng 进行工程建设（construct）：这栋楼什么时候开始～？

离析形式	所占比例	例 句
施＋补＋工 施完工	★★★	◇ 他们**施完工**拿不到工钱，只好把这家公司告上了法庭。
施＋着＋工	○	√ 工地正**施**着**工**呢，你别进去了，太危险。

S018 睡觉

shuì // jiào 大脑进入完全休息的状态（sleep）：都十二点了，你怎么还不上床～？

离析形式	所占比例	例 句
睡＋补＋(…)＋觉 睡得着（zháo）/ 不着（zháo）觉	★★★	◇ 明天就考试了，你**睡**得着**觉**吗？ ◇ 她小时候非得在妈妈怀里才**睡**得着**觉**。 ◇ 结婚前他几夜**睡**不着**觉**，总是担心自己没准备好。 ◇ 最近他晚上总是头疼得**睡**不着**觉**。 ◇ 他告诉我，晚上**睡**不着**觉**的时候就数羊，非常有用。 ◇ 他有写日记的习惯，写不完当天的日记就**睡**不着**觉**。

离析形式	所占比例	例 句
睡着（zháo）觉		◇ 张苏收到女朋友的信以后，高兴得一晚上没睡着觉。 ◇ 我已经三天三夜没睡着觉了，看来得去找医生看看了。
睡好/不好觉		◇ 接到老板的电话，他一夜没睡好觉。 ◇ 小王，看你两只眼睛红的，一定是没有睡好觉吧？ ◇ 邻居家的婴儿夜里总爱哭，吵得人睡不好觉。 ◇ 咖啡喝多了睡不好觉，会失眠。
睡（不）上+(…)+觉		◇ 收拾完房间以后，我终于可以舒舒服服地睡上一觉了。 ◇ 最近公司一直加班，大家到后半夜才能睡上两个小时的觉。 ◇ 你怎么又在办公室睡上大觉了？ ◇ 听到这个消息，四五天没睡上安稳觉的李健终于可以休息一下了。 ◇ 这四个月里，他总是半夜被人叫起来，没能睡上一个囫囵觉※。 ※囫囵觉：睡觉的时候没有任何人打扰，完整的觉。
睡不了觉		◇ 妹妹告诉我，这几天火锅吃多了，常常肚子疼得睡不了觉。 ◇ 老板说今天要把这个项目做出来，看来晚上又睡不了觉了。
睡不成觉		◇ 门外的那只狗总是吵得我睡不成觉。 ◇ 客人不走，他就关不了门，睡不成觉。

离析形式	所占比例	例句
睡起觉（来）		◇他实在困得不行了，就趴在桌子上**睡起觉来**。 ◇小猫吃完饭，就躺在窝里呼呼**睡起觉来**。
睡足觉		◇病人**睡足觉**以后显得好些了。
睡熟觉		◇他刚**睡熟觉**，就被妻子叫了起来。
睡完觉		◇剩下的**睡完觉**再说，困死了。
睡稳觉		◇孩子在动手术，你说我做奶奶的能**睡稳觉**吗？
睡＋形＋觉 睡懒觉	★★	◇听了这个童话故事，我家女儿再也不**睡懒觉**※了。 ※睡懒觉：早上该起床的时候不起床，睡到很晚。 ◇她爱**睡懒觉**，不愿下厨房，家务事全靠小时工去做。 ◇一放假，我就养成了**睡懒觉**的坏习惯。
睡大觉		◇他们闲时总喜欢**睡大觉**※，打麻将。 ※睡大觉：长时间睡觉，睡得非常香，非常舒服。 ◇你们**睡大觉**，让我去干活，太不公平了！ ◇生产了十六万部手机，结果只卖出四万部，四分之三的产品躺在仓库里"**睡大觉**"。
睡闷觉		◇出差回来，他就一个人在屋里**睡闷觉**※，已经两顿饭没吃了。 ※睡闷觉：指心情不好时只睡觉，不做别的。

离析形式	所占比例	例 句
觉…睡…	★	◇ 因为想家，这两天他饭吃不香，**觉**睡不好。 ◇ 爸爸妈妈吵了一夜，我**觉**都没睡成！ ◇ 多少天来她饭吃不下去，**觉**睡不着，就怕女儿一个人在外地出什么事。 ◇ 这一觉一直睡到第二天中午。 ◇ 不见她一面，我连**觉**也**睡**不成。
睡＋了＋(…)＋觉 睡了觉	★	◇ 今天太冷了，不能外出散步，大家吃了饭，早早地**睡了觉**。 ◇ 楼下的老太太已经**睡了觉**，一不小心把她吵醒了，是非挨骂不可的。 ◇ 等大家都**睡了觉**，他偷偷爬了起来，继续给女朋友打电话。 ◇ 每天晚上等孩子们都**睡了觉**，她才去睡。
睡＋了＋数＋(形)＋觉		◇ 下午，我**睡了一觉**，醒来时天已经黑了。 ◇ 回家后，他看看天还不亮，于是躺到屋里**睡了一觉**。 ◇ 我都**睡了一觉**了，你怎么还不睡啊？ ◇ 他吃了药，**睡了一觉**，感觉好多了。 ◇ 考场上你也**睡了一觉**？ ◇ 考完试，他美美地**睡了一大觉**。 ◇ 赵文**睡了一大觉**，格外精神，心情也好了起来。 ◇ 孩子**睡了一小觉**就醒了，估计是饿了。
睡＋了＋形＋数＋觉		◇ **睡了这么长一觉**后，我体力终于恢复了。

离析形式	所占比例	例句
睡+了+数量+ (形)+觉		◇ 昨天晚上因为加班，他只**睡了一个小时的觉**。 ◇ **睡了一天懒觉**，起来后，他觉得神清气爽。 ◇ 马老先生**睡了一夜平安觉**，把怒气都睡出去了。 ◇ 老奶奶美美地**睡了一宿踏实觉**。 ◇ 忙项目都忙了两个月了，他第一次**睡了一个好觉**。 ◇ 他痛快地**睡了一个大觉**。
睡+过+(…)+觉 睡过觉	★	◇ 上了大学以后，我12点以前没**睡过觉**。 ◇ 他得了什么怪病呀？一个星期没**睡过觉**了。
睡+过+形+觉		◇ 从此，他很少**睡过安稳觉**，以十倍的努力拼命赚钱。 ◇ 醒来后他不禁想：好久没**睡过这么好的觉**了，感觉像在家里。
睡+过+数量+ (形)+觉		◇ **睡过一觉**，他觉得自己精神好多了。 ◇ 为此，他几乎没有**睡过一夜好觉**。 ◇ 他们五十多天中几乎没**睡过一天安稳觉**。 ◇ 自从有了孩子，他就没有**睡过一个安稳觉**。 ◇ 从这天起，她三天之内没吃过一顿囫囵饭，没**睡过一宿踏实觉**。 ◇ 在这60多天里，他没有**睡过一个整觉**。 ◇ 春节到现在，我几乎就没**睡过一个安生觉**。
睡+数量+(…)+觉 睡一觉	★	◇ 没事，我就是有点儿累，**睡一觉**就好了。 ◇ 他有时间宁可**睡一觉**也不愿意读书。 ◇ 回去多喝点儿水，**睡一觉**，病就过去了。

离析形式	所占比例	例句
		◇ 当我睡**一觉**醒来的时候，看到他还在学习。 ◇ 你累了，你应该先去睡**一觉**，一切等明天再说吧。
睡一大觉		◇ 等家人们都走后，我再好好睡**一大觉**。 ◇ 妈妈叫我上床去乖乖睡**一大觉**。
睡＋数量＋(形)＋觉		◇ 不就是让你少睡**几个小时觉**吗？至于这么生气吗？ ◇ 小宝宝每天要睡**十五六个小时觉**。 ◇ 只喝白开水、只用男秘书、每天只睡**一点儿觉**的李经理，身上确实有他父亲的影子。 ◇ 午饭后，她要睡**一会儿觉**。 ◇ 我睡**一个觉**可以吗？太累了。 ◇ 周末本想美美地睡**一个懒觉**，可是一大早就被小林的电话吵醒了。 ◇ 等这个项目完了，你们就可以睡**一个好觉**了。 ◇ 不管了，先睡**一个好觉**再说！
睡个觉		◇ 你在酒店睡**个觉**，明天再办事。 ◇ 老刘希望轮班的人早些来，自己好睡**个觉**去。 ◇ 还有时间，我睡**个觉**再出发都不晚。
睡＋个＋形＋觉		◇ 为了让妻子睡**个好觉**，他没有告诉她自己失业的事情。 ◇ 那时候，睡**个囫囵觉**都很难。 ◇ 孩子考上大学，王叔这下能睡**个安稳觉**了。

离析形式	所占比例	例　句
		◇ 明天早上终于可以**睡**个懒**觉**了！ ◇ 明白了这一点，她觉得今夜就能**睡**个好**觉**。 ◇ 今天终于可以**睡**个痛快**觉**了！
睡点儿觉		◇ 让我去**睡点儿觉**吧，我实在坚持不了了。
睡会儿觉		◇ 他喜欢吃完晚饭**睡会儿觉**，夜里两三点起床工作。
睡＋着（zhe）＋觉	☆	◇ 同屋正**睡着觉**呢，你出去接电话吧。 ◇ 我推了推那个**睡着觉**的男人，可是他没一点儿反应。 ◇ 我正**睡着觉**呢，他打来电话，吵着让我请客吃饭。
睡＋代＋(…)＋觉 睡＋代＋的＋觉	☆	◇ **睡你的觉**去，饭一个小时以后才好。 ◇ 这儿没你的事儿，回屋**睡你的觉**吧！ ◇ 听过之后，他照样回去**睡自己的觉**，仿佛这事跟他没有一点儿关系。
睡＋代＋形＋觉		◇ 此时，他还在床上甜甜地**睡**他的安稳**觉**。
睡＋代＋数＋觉		◇ 这一夜把我累坏了，真想**睡**它一**觉**。
睡＋的＋(…)＋觉	☆	√ 他昨天晚上三点**睡的觉**。 ◇ 这是他四十多天中**睡的**唯一的一个好**觉**。

S019 说情

shuō // qíng 代人请求答应或原谅（plead for mercy for sb.）：他这两天为了儿子的事到处托人～。

离析形式	所占比例	例　句
说＋说＋情 说说情	★★★	◇ 我不是故意不写作业的，你就帮我在老师面前**说说情**吧，别让老师批评我！ ◇ 他很想到经理家给刚刚被解雇的小张**说说情**，可是走到门口，又回来了。 ◇ 我找到了王明，想请他替我**说说情**。 ◇ 我找到老同学王丽，希望她在她哥哥面前**说说情**，给我们公司投个资。 ◇ 他想在老板面前给我**说说情**，可是被我拒绝了。
说＋量＋情 说个情	★★	◇ 你就替我**说个情**吧！ ◇ 他让我替他**说个情**，我办到了。
说＋了＋(…)＋情 说了情	★	◇ 幸好你帮我**说了情**，王红才原谅了我。
说＋了＋数量＋情		◇ 他帮张强**说了**半天**情**，张强才请到一天假。
说＋过＋情	☆	◇ 我很感激那个为我**说过情**的人。
说＋的＋情	☆	◇ 你小时候妈妈要打你，还是我替你**说的情**，她才原谅了你。
说＋数量＋情 说一下情	○	√ 我不是故意迟到的，你去帮我**说一下情**吧，别让王经理罚我钱了。

S020 送行

sòng//xíng 陪出门远行的人走一段或请他吃饭表示告别（see sb. off；send-off）：听说我要出国了，大家都来给我～。

离析形式	所占比例	例 句
送＋送＋行	★★★	◇走吧，我请你吃饭，算是给你**送送行**。
送＋代＋行 送什么行	★★★	◇我就去趟上海，很快就回来，**送什么行**啊？
送＋了＋行	○	√他出发前，我们大家都去给他**送了行**。
送＋的＋行	○	√这次是他的老板亲自给他**送的行**。

S021 算数

suàn//shù 承认有效（count；hold；stand）：你别相信他，他说话经常不～。

离析形式	所占比例	例 句
算＋量＋数 算个数	★★★	◇父亲在家里和单位都不**算个数**，自己也没什么本事，所以全得靠儿子争气了。
算＋了＋数	★★	◇他这次说话终于**算了数**，带我去上海玩儿了一趟。
算＋过＋数	★★	◇你别听他的，他说话从来没有**算过数**。
算＋补＋数 算不上数	★★	◇他是个小孩子，**算不上数**，所以今天来帮忙的人总共20个。
算得了/不了数		√他又不是老板，说话**算得了数**吗？ √他说话**算不了数**，你还是去找张经理吧！
算＋代＋数 算什么数	★★	◇他说话**算什么数**啊，我们根本不必怕他。

S 022 随便

suí // biàn 按照某人的方便，不加限制（anyhow; do as one pleases）：学校组织的旅游自由报名，去不去～。

离析形式	所占比例	例 句
随＋名/代＋便	★★★	◇ 他家里有很多书，小说、诗歌、哲学等等，想看什么都随客人的便，所以大家都愿意来这儿。 ◇ 别人买了这把椅子后，把它卖了或拆了或继续摆在哪儿，只能随别人的便了。 ◇ 考完试，看电视、上网、出去玩儿……全随我的便。 ◇ 好听就听，不好听就别听，随你的便。 ◇ 要骂要打随你们的便，我才不怕呢！ ◇ 随您的便，我什么时候都行。 ◇ 如果孩子不愿意这么玩儿，就随他的便，只要他不哭就行了。 ◇ 你这样说来说去，反倒让他们不高兴，不如随他们便的好。 ◇ 随你便，爱去不去！ ◇ 我把钱放这儿了，拿多少随你便。 ◇ 信不信随你便，我们只用了半个小时就爬上了长城。
随＋着＋代＋便	○	◇ 你就随着他便吧，要不一会儿又该生气了。

S 023 随意

suí // yì 按某人的意愿，想怎样就怎样（as one please; at discretion; at will）：今天我请客，请大家～点菜，爱吃什么就点什么。

离析形式	所占比例	例 句
随＋名/代＋意 随＋名＋意	★★★	◇ 经过多年研究，这些花已经可以一年四季全随人意开放。 ◇ 不要太随孩子意，有时候也要严格一点儿。

离析形式	所占比例	例句
随+代+意		◇ 为什么什么事情都要随他意？ ◇ 他只是个孩子，他爱怎么说就怎么说，随他的意。
随+了+(…)+意	○	√ 你就随了他的意吧，要不他老是找你麻烦。
随+着+(…)+意	○	√ 你怎么老随着孩子的意啊，这样会把他宠坏的！

T

T001 谈天

tán//tiān 闲谈，聊天（chat；make conversation）：夏天，老人们爱在树下～。

离析形式	所占比例	例　句
谈＋形＋天 谈闲天	★★★	◇他这会儿正在屋里跟人**谈闲天**※呢！ ※谈闲天：没有其他事情可做，谈一些比较轻松的话题。 ◇你们俩怎么又在课堂上**谈闲天**？ ◇大家都在忙，谁也没有时间**谈闲天**。
谈＋数量＋(…)＋天 谈些闲天	★★	◇他们坐下来**谈些闲天**，说了说各自的情况。 ◇下班后，他们在酒吧里喝了点儿酒，**谈些闲天**，就回家了。
谈＋补＋(…)＋天 谈＋起＋(…)＋天（来）	★	◇做完作业，我跟林红**谈起天来**。 ◇俩人一见面，就像老朋友一样**谈起天来**。 ◇他是博士，**谈起天来**总离不开自己的专业。 ◇老板边卖东西，边和我们**谈起闲天来**。 ◇他喝了酒，跟人**谈起闲天来**，什么都说。 ◇后来**谈起闲天来**，我才了解了事情的经过。
谈＋了＋(…)＋天 谈＋了＋数量＋(…)＋天	☆	◇他们**谈了会儿天**，就一起离开了。 ◇我跟她没做什么，只是**谈了会儿天**。 ◇晚上，我们又**谈了些闲天**，才上床睡觉。

离析形式	所占比例	例 句
谈+着+天	☆	◇ 她一边做饭，一边和我们**谈着天**。 ◇ 两位老人在院子里悠闲地**谈着天**。 ◇ 我们喝着酒，**谈着天**，时间很快过去了。
谈+过+天	○	◇ 你们在一起**谈过天**吗？你了解他吗？

T002 叹气

tàn // qì 心里感到不痛快而呼出长气，发出声音（sigh）：有什么发愁的事吗？你最近为什么老~啊？

离析形式	所占比例	例 句
叹+了+(…)+气 叹了口气	★★★	◇ 当我急着问他发生了什么事时，他只是**叹了口气**，什么也没说。 ◇ 看到女儿的成绩，妈妈无奈地**叹了口气**。 ◇ 想到自己已经半年没找到新项目了，他深深地**叹了口气**。
叹了一口气		◇ 说着话，他忽然**叹了一口气**，表情变得无奈极了。 ◇ 男朋友**叹了一口气**，慢慢地说："房子无论如何买不起啊。" ◇ 他长长地**叹了一口气**，说到："人生没有十全十美的。"
叹+了+数量+ (形)+气		◇ 父亲接着又**叹了几声气**，低声说到："唉，你母亲真是不容易啊。" ◇ 为了工作的事情，李梅**叹了半夜的气**。 ◇ 妈妈**叹了口长气**，推开门就走了。 ◇ 老李坐在角落里，无声地**叹了几口长气**。 ◇ 他深深地**叹了一声冷气**，然后擦去了眼角的泪水。
叹+了+形+数量+气		◇ 想到女儿考了三年还没考上大学，他**叹了长长一口气**。

离析形式	所占比例	例 句
叹了叹气		◇ 汤姆叹了叹气，推开画室的门就离开了。
叹＋量＋气 叹口气	★	◇ 他叹口气说到："现在说这样的话，一点儿意义都没有了。" ◇ 他叹口气，摆摆手，说："别提了，我不想说。" ◇ 望着女友远去的背影，他叹口气，脸上露出了一丝的苦笑。 ◇ 父亲气得不行，叹口气走了。 ◇ 老张无奈地叹口气答应了儿子。
叹声气		◇ 老吴难过地叹声气，然后失望地走出了医院。
叹＋数量＋(…)＋气 叹一口气	★	◇ 听完报告，他轻叹一口气，身体重重地压在椅子上。 ◇ 他无奈地叹一口气，然后静静地合上了眼睛。 ◇ 小敏长叹一口气，说到："他们离了又合，合了又离。真是拿他们没办法。" ◇ 爱丽没再说什么，只是长叹一口气，感到在大公司工作真的很难。
叹＋数量＋形＋气		◇ 他叹口长气，半天不说话。 ◇ 看到录取名单里没有自己，女孩儿叹口微气※转身离开了。 ※叹口微气：指轻轻地叹口气。 ◇ 王眉坐下，叹一口长气，半天也没开口。
叹＋着＋气	☆	◇ 他无奈地叹着气说："我放弃了。" ◇ 爷爷叹着气说："这孩子被父母惯得不成样子了。"

离析形式	所占比例	例　句
		◇ 丈夫**叹着气**睡着了，但是我却一晚上都没睡着。 ◇ 他**叹着气**，把事情的经过告诉了我，我才知道他很为难。 ◇ 知道这个周末就要泡汤了，我也只能无奈地**叹着气**继续工作。
叹＋补＋(…)＋气 叹＋上＋(…)＋气	☆	◇ 他想不出任何办法，也只能无奈地**叹上一口气**。
叹＋出＋(…)＋气（来）		◇ 沉默了半天，她才**叹出一口气**来。 ◇ 说了很长时间，他停了停，**叹出一口长长的气**。
叹起气来		◇ 望着没完没了的雨，他**叹起气来**。
叹完了气		◇ **叹完了气**，他又和朋友说笑起来。
叹罢了气		◇ **叹罢了气**，她说："没钱的日子真难过，我一定要找个有钱的男朋友。"
叹＋代＋气 叹什么气	☆	◇ 住着这么宽敞的房子，还**叹什么气**？
叹＋形＋气 叹长气	☆	◇ 他心里实在不高兴，所以聊天儿的时候，总是禁不住**叹长气**。
叹＋数＋气 叹一气	☆	◇ 他轻**叹一气**，只好放弃。
叹＋过＋气	○	√ 自从弟弟考上大学以后，我再也没听爸爸**叹过气**。 √ **叹过气**以后，他说："我决定回老家，再也不来北京这个让我伤心的地方了。"

T003 探亲

tàn//qīn 长期在外的人回家看望家人（go home to visit one's family）：我下个月要回老家～，我都五年没回过老家了。

离析形式	所占比例	例 句
探＋过＋亲	★★★	◇她去日本**探过亲**，呆了三个多月。 ◇姨妈嫁到国外之后，从没回来**探过亲**。
探＋补＋亲 探完亲	★	√他从广州**探完亲**，回来的路上又去上海玩儿了一趟。
探＋了＋亲	○	√因为今年春节要值班，他春节前就回家**探了亲**。
探＋探＋亲	○	√你好几年没回家了吧？怎么不回家**探探亲**啊？
探＋的＋亲	○	√我是国庆节放假回家**探的亲**，所以过年就不再回去了。

T004 提名

tí//míng 在评选或选举前提出有当选可能的人或事物名称（name; nominate; nomination; put up）：他在奥斯卡最佳导演奖评选中获得提名。

离析形式	所占比例	例 句
提＋了＋(…)＋名 提了一下名	★★★	◇她很优秀，所以竞选班长的时候，随便**提了一下名**，就通过了。
提＋的＋名	★★★	◇我这个班长是大家**提的名**，我必须好好干才对得起大家！
提＋过＋名	○	√听说这部电影还在电影节上被**提过名**呢！
名…提…	○	√这部电影连**名**都没被**提**，怎么可能获奖呢？

T005 提醒

tí // xǐng 提出对方没想到的，引起注意（call attention to; jack; prompt; remind; remind of; warn）：我忘了今天七点半上课了，是妈妈~了我，才没迟到。

离析形式	所占比例	例句
提＋量＋醒 提个醒	★★★	◇ 到时候你给我**提个醒**，免得我忘了。 ◇ 别忘了一会儿给我**提个醒**，孩子八点要吃药。 ◇ 你好心给她**提个醒**，让她别出错，她还觉得没面子，不高兴。 ◇ 在此，我们给朋友们**提个醒**：本周六是母亲节。
提＋了＋(…)＋醒 提了醒	☆	◇ 要不是妈妈给我**提了醒**，让我带上雨伞，估计我现在还在学校等着雨停呢！
提＋了＋数量＋醒		◇ 姐姐的话给他**提了个醒**。 ◇ 我都给你**提了两次醒**了，你怎么还是没买水果啊？
提＋代＋(…)＋醒	☆	◇ 我先**提你个醒**，一会儿见了他不准提离婚的事儿。
提＋过＋醒	○	◇ 这件事，我早就给他**提过醒**。
提＋的＋醒	○	◇ 这还是她给我**提的醒**呢，否则，我早忘了。

T006 跳舞

tiào // wǔ 舞蹈，配合音乐做出有节奏的动作，是一种艺术或休闲娱乐活动（dance）：我很喜欢~，学院的周末舞会我每次都参加。

离析形式	所占比例	例句
跳＋补＋舞 跳完舞	★★★	◇ 昨天在酒吧**跳完舞**已经十二点了。

离析形式	所占比例	例　句
跳罢舞		◇ 这群人跳罢舞，又跑到路边小摊吃小吃去了。
跳起舞来		◇ 几个女孩儿不顾游客的拥挤，在樱花树下跳起舞来。 ◇ 伴随着乐曲，客人们都情不自禁地跳起舞来。 ◇ 她跳起舞来就忘了烦恼。
跳上舞		◇ 他工作起来就跟他跳上舞一样，停不下来。
跳好舞		◇ 想考舞蹈学院，先跳好舞再说。
跳开舞		◇ 我到酒吧时，朋友们竟然已经跳开舞了。
舞…跳…	★★	◇ 这是我第一次见到新疆姑娘，她们不仅人聪明漂亮，而且舞跳得也好。 ◇ 她年龄虽然最小，但是舞却是班上跳得最好的。 ◇ 他不停地跟我夸他妹妹舞跳得怎么怎么好。 ◇ 去了舞厅几次，我就什么舞都会跳了。 ◇ 工作再忙，她都是酒照样喝，舞照样跳。
跳＋数量＋舞	★	◇ 朋友叫你跳一晚上舞，你父母会允许吗？ ◇ 对于年轻人来说，跳一个通宵的舞是很正常的。 ◇ 我的心愿是再和我的母亲跳一次舞。 ◇ 下班后，他总喜欢去附近的小酒吧跳一会儿舞再回家。 ◇ 开幕式匆匆进行，只有几个退休老人跳几个舞就完事了。 ◇ 我希望和你跳第一个舞，你愿意吗？

离析形式	所占比例	例 句
跳＋量＋舞 跳个舞	★	◇ 累的时候，唱个歌，**跳个舞**，都能很好地放松紧张的神经。 ◇ 我们俩**跳个舞**有什么关系，又没有谈恋爱。
跳场舞		◇ 星期天的节目就是中午吃顿饭，晚上**跳场舞**。
跳回舞		◇ 每星期和老婆**跳回舞**几乎成了他工作以外最大的一件事了。
跳＋这种＋舞	★	◇ **跳这种舞**需要把全身的力量都集中在腿部的肌肉上。
跳＋过＋(…)＋舞 跳过舞	★	◇ 杨慧长这么大还从未去舞厅**跳过舞**。 ◇ 从那以后，我们再没有在一起**跳过舞**。
跳＋过＋数量＋舞		◇ 交往三年多来，他从来没有邀请我到舞厅**跳过一次舞**。
跳＋着＋舞	☆	◇ 黑暗的舞厅里，人们正疯狂地**跳着舞**，扭动着身体做出各种奇怪而夸张的姿态。 ◇ 夏日的海看也看不够，你可以从各个角度看，在各种光线下看，甚至可以哼着歌看，**跳着舞**看。
跳＋了＋(…)＋舞 跳了舞	☆	◇ 晚宴上，好几个女孩儿跟他**跳了舞**，只是没有他的女朋友。
跳＋了＋数量＋舞		◇ **跳了一会儿舞**，唱了一会儿歌，我觉得轻松多了。 ◇ 我和她**跳了几次舞**就成了朋友。 ◇ 出国之前，我陪他**跳了一场舞**。

离析形式	所占比例	例 句
跳+名/代+(…)+舞 跳+名/代+的+舞	☆	◇ 三十年前大学的舞会，经常是男生**跳男生的舞**，女生**跳女生的舞**。 ◇ 专心**跳你的舞**吧，这里没你的事。
跳+代+数量+舞		◇ 刘元那天晚上只有**跳那一次舞**是一种享受。
跳+动+舞	☆	◇ 他们在**跳你编的舞**呢！

T007 听话

tīng// huà 按长辈或领导的意见做（obey; toe the line）：这孩子还算~，老师留的作业都能按时完成。

离析形式	所占比例	例 句
听+名/代+(…)+话 听+名+话	★★★	◇ 小时候，妈妈常教育我，在学校**听老师话**，在家**听长辈话**。 ◇ **听妈妈的话**，好好工作，出国的事以后再说吧。 ◇ **听医生的话**，按时吃药，按时去检查，这样才能早日康复。 ◇ 孩子大了，不太愿意**听父母的话**了。
听+代+话		◇ 你家的小狗不错啊，真**听你们话**。 ◇ 你去劝劝她吧，她根本不**听我的话**，非要嫁给那个穷小子。 ◇ 妈妈老了，她现在很**听我的话**，就像我小时候很**听她的话**一样。 ◇ 你要是给我一百万，我保证**听你的话**。 ◇ 已经**听你的话**，把那些钱分给几个孩子了。 ◇ 别**听他们的话**，他们只考虑自己，根本不考虑你的爱好和兴趣。

离析形式	所占比例	例句
听＋名/代＋数量＋话		◇ 女儿啊，你就**听**妈一次**话**吧，嫁给那个人不会幸福的。 ◇ **听**我一句**话**，别一个人晚上去。
听＋了＋(…)＋话 听了话	☆	◇ 儿子这次总算**听了话**，放了学就直接回家了。
听＋了＋名/代＋话		◇ 我现在后悔**听了**女朋友的**话**留在上海，我更喜欢北京的生活。 ◇ 我完全**听了**朋友的**话**，才在这儿买了房子，可这里的交通越来越不方便。
听＋不听＋(…)＋话	☆	◇ 不管你**听不听**我的**话**，你早晚都会做这样的选择。 ◇ 站住！你还**听不听**老爸的**话**？
听＋过＋(…)＋话 听过话	○	◇ 他这孩子，从来没有**听过话**。
听＋过＋名/代＋话		◇ 小明很调皮，从来没**听过**老师的**话**。
话…听…	○	◇ 这孩子，父母的**话**从来没**听**过。

T 008	投标	tóu//biāo 根据招标公告的标准和条件提出价格，申请承包某项业务或购买某大宗商品（bid; enter a bid; tender; tender for）：听说这个项目我们公司要～。

离析形式	所占比例	例句
投＋了＋(…)＋标 投了标	★★★	◇ 这个项目，我们公司也**投了标**。 ◇ 听说你们公司也**投了标**，是吗？
投＋了＋数量＋标		◇ 前几天她在上海**投了**一次**标**，但没有中。 ◇ 虽然我手上已经有了一套这样的古董，但是还是忍不住**投了**一次**标**。

离析形式	所占比例	例句
投+过+(…)+标 投过标	○	◇我以前从来没有投过标，这是第一次。 ◇你们公司在这个项目上投过标吗？
投+过+数量+标		◇我们公司在国外投过五次标，但是一次都没有中。
投+数量+标 投一次标	○	◇他们规定，每个公司对这个项目只能投一次标。

T009 投产

tóu//chǎn 开始生产（put into production）：我们公司研制的新产品已经~了。

离析形式	所占比例	例句
投+补+产 投不了产	★★★	◇公司前年就引进了新设备，但是两年了还投不了产。 ◇这个专利因为各种原因一直投不了产，太可惜了！
投+了+产	○	◇在他的帮助下，这个项目终于投了产。 ◇最近，在市政府的大力支持下，已经有一批项目投了产。
投+过+产	○	◇这家当时投入了巨资的工厂，建起来后竟没有投过产，真是奇怪。 ◇你设计的模具投过产吗？
投+的+产	○	◇这个项目是去年投的产。

投资 tóu//zī 为获得回报而投入钱财（invest）：他打算～房地产。

离析形式	所占比例	例　句
投＋形＋资 投巨资	★★★	◇ 几年来，武汉政府**投巨资**用于城市建设。 ◇ 香港将**投巨资**改善地铁设施。 ◇ 中国银行**投巨资**支持民航业发展。 ◇ 听说外商打算在那里**投巨资**建工厂。 ◇ 青岛一位村民**投巨资**建了一个小型水上公园。
投＋数量＋资 投（一）点儿资	★★★	◇ 他们希望对方能多**投点儿资**，这样就可以扩大生产的规模了。 ◇ 他觉得找人办事，必须先**投一点儿资**，请人吃个饭什么的，然后再开口。
投（一）些资		◇ 他准备**投些资**到股票市场，好发点儿小财。 ◇ 他女友曾说服他向那个公司**投一些资**，现在赚了不少钱。
投一部分资		◇ 所谓"合伙"，说白一点儿就是几个人各自**投一部分资**，赚了、赔了大家一起分担。
投＋了＋(…)＋资 投了资	★★	◇ 我们公司在这个项目上**投了资**，但是一点儿钱也没赚回来。 ◇ 听他这么一说，我就**投了资**，结果赚了一大笔。 ◇ 这些股东都想**投了资**，赚点儿钱，可是到最后钱没赚到，本钱也亏了。

离析形式	所占比例	例 句
投+了+数量+资		√ 她在朋友的店里**投了些资**,成了小股东。 √ 他有点儿尴尬地说:"我只是**投了些资**,不知道他们具体是怎么经营的。" √ 小王嫌以前的工作太累,就**投了点儿资**开起了快餐店,当上了小老板。
投+代+(…)资 投其资	★	◇ 去年他们公司在这个行业大**投其资**,结果赔了不少。
投哪门子的资		◇ 你**投哪门子的资**啊,你又不懂股票!
投什么资		√ 最近穷得吃饭的钱都快没了,还**投什么资**啊?
投+补+(…)+资 投+下+形+资	★	◇ 国家在财力很不宽松的情况下,向一批大型环保工程项目**投下重资**。 ◇ 我们公司在这个项目上**投下巨资**,希望借这个项目提升公司的名气。
投+的+资	☆	◇ 他们公司在河南、山东等地**投的资**都没见效,2亿贷款也就这么白白地扔进去了。
投+过+(…)+资 投过资	○	√ 他理财比较保守,所以从没买过股票、**投过资**。 √ 我们从来没在房子上**投过资**。 √ 经济不景气,他发现原来**投过资**的人最近都不投资了。
投+过+数量+资		√ 他没在女人身上**投过一点儿资**,可是喜欢他的女人却有很多。 √ 我们的房子没让父母**投过一点儿资**,是我和妻子自己攒钱买的。

离析形式	所占比例	例 句
投＋着＋资	○	√ 我姐姐现在可有钱了，大房子大车子，还在很多酒店**投着资**。 √ 我现在供着房子，供着车子，还**投着资**，要是失业了，生活还真成问题呢！ √ 我们的钱全在股市**投着资**呢，哪儿有钱借给你啊？

T011 退休

tuì∥xiū 因超过一定年龄或病残等而不再工作（retire）：刘教授虽然～了，但学校还是聘请他每周来为研究生上一次课。

离析形式	所占比例	例 句
退＋了＋休	★★★	◇ 在厂里干了二十多年的老王因为身体不好，提前**退了休**。 ◇ 他想**退了休**后去山里教书。 ◇ **退了休**，他买了两只小鸟，每天天一亮就到湖边遛鸟。 ◇ 如今，土家族结婚用的轿子早**退了休**，替代的是汽车了。 ◇ 她做梦也未想到自己**退了休**以后还能出国旅行。
退＋的＋休	☆	◇ 爸爸提前两年**退的休**，为的是给年轻人机会。
退＋补＋休 退不了休	○	√ 他不到退休年龄，还**退不了休**。

W

W001 完蛋

wán // dàn 失败，灭亡（be finished）：他们的军队被打败了，政府也~了。

离析形式	所占比例	例 句
完＋了＋蛋	★★★	◇敌人遇到他们算是**完了蛋**，肯定被打得落花流水。
完＋[补]＋蛋 完不了蛋	○	√放心吧，有政府的保护，股市**完不了蛋**！

W002 违法

wéi // fǎ 不符合法律（break the law）：有些商家为了多赚钱而欺骗顾客，这样做是~的。

离析形式	所占比例	例 句
违＋[定]＋法	★★★	◇你这样做是**违商法**的。
违＋过＋(…)＋法 违过法	○	√他**违过法**，坐过牢，你为什么非要嫁给他啊？ √他出狱后再也没**违过法**。 √那些曾经**违过法**犯过罪的人，谁敢说他们都是坏人，他们有的只是一时冲动才做错了事。
违＋过＋[数量]＋法		√我好好做我的生意，没**违过一次法**，为什么要罚我钱？ √按照这个新规定，我都不知道**违过多少次法**了。

离析形式	所占比例	例 句
违＋了＋(…)＋法 违了法	○	√ 我们是执法人员，违了法更要严肃处理。 √ 做好事却违了法，他实在想不明白。
违＋了＋数量＋法		√ 为了应付考试，他违了一次法，找人做了张假身份证。 √ 虽然是有二十年驾龄的老司机，老王最近一不小心还是违了一次法。
违＋着＋法	○	√ 你说什么呢，难道我会违着法干那种事？ √ 到那时我才知道，我一直是在违着法赚钱。
违＋的＋法	○	√ 他是因为卖假烟违的法。

W 003 问好

wèn//hǎo 打招呼，问候（give the time of day; say hello to）：在学校里见到老师要主动～。

离析形式	所占比例	例 句
问＋名/代＋好	★★★	◇ 新领导大步向群众走去，高声问大家好。 ◇ 回去告诉他，我问他好。 ◇ 我代表我家人向您问新年好！
问＋数量＋好 问声/一声好	★	◇ 我们有时见面问声好，有时并不打招呼。 ◇ 明天就要走了，还是跟同事们问一声好去吧。
问句好		◇ 见面想要问句好，可是话到嘴边也没有说出来。
问个好		◇ 我和她并不熟，仅仅是见面时问个好。 ◇ 代我向你父母问个好吧。
问＋了＋(…) 好 问了好	☆	◇ 进了门，我向主席问了好，主席先和我握手，又问我的名字，什么地方人。

离析形式	所占比例	例 句
问＋了＋数量＋好		◇他们问了一声好之后，接着聊起了工作。 ◇我只是问了声好，就离开了。
问＋补＋好 问过好 问完好	☆	◇每天早晨大家问过好后，就各忙各的了。 ◇还没等老马问完好，大家都鼓起掌来。 ◇问完好，大家就跟陌生人一样了。
问＋着＋好	☆	◇在酒店门口，大家彼此问着好，握着手，热闹极了。
好…问…	☆	◇这个孩子真没礼貌，见了面连个好也不问。

W 004 握手

wò // shǒu 双方伸出右手相握的一种礼节，表示见面、分别或祝贺等（handclasp; handshake; shake hands）：他很没礼貌，从来不跟人～。

离析形式	所占比例	例 句
握＋补＋（…）＋手 握＋住＋（…）＋手	★★★	◇总理紧紧握住那个农民的手，问寒问暖。 ◇他握住韩素云的手说："欢迎你们来大连！" ◇他一把握住了老刘的手，感谢他的鼓励。 ◇那位老人伸出颤抖的手，紧紧地握住了张萍的手，她建的老人院给老人们带来了新的希望。
握＋紧＋（…）＋手		◇出院的时候，病人握紧了大夫的手，感谢他们救了自己。
握＋过＋（…）＋手	★★★	◇老父亲和我们握过手，带着我们进了屋。 ◇正说着，火车进站了，白冰和送行的人一一握过手，就走上了火车。 ◇握过手后，大家就坐到了餐桌前。 ◇我们握过手，就分别向不同的方向走去。

离析形式	所占比例	例句
		◇ 作为总统候选人，他**握**过千万只**手**，访问过无数平民。
握＋着＋(…) 手 握着手	★★★	◇ 总理亲热地跟大家**握着手**，大家都觉得总理很亲切。
握＋着＋名/代＋手		◇ 夫妻俩**握着**医生们**的手**，感谢他们救了自己的孩子。 ◇ 经理**握着**李明**的手**说："这次你可做了件大好事！" ◇ 老板**握着**他**的手**说："这次多亏你了！" ◇ 老孟见到白晓明，**握着**他**的手**不知说什么才好。
手…握…	★★	◇ 朋友之间打招呼时常常双**手**互**握**，也可拍拍对方的肩膀。 ◇ 因为讨厌他，见面时她连他的**手**都不愿**握**。 ◇ 我跟他连**手**都没有**握**过一次，怎么会认识？ ◇ 顿时，掌声又起，将军和士兵的**手**紧紧地**握**在了一起。
握＋了＋(…)＋手 握了手	★★	◇ 两人**握了手**后就进屋在沙发上并肩坐下。 ◇ 这次访问，她不知道跟多少人**握了手**。 ◇ 他和我们一家人一一**握了手**之后就拉着行李走了。
握＋了＋名/代＋手		◇ 张总很骄傲，全村只有自己**握了**市长**的手**。 ◇ 张总一一**握了**大家**的手**，然后我们的会议就开始了。

离析形式	所占比例	例句
握＋了＋数量＋手		◇ 我跟他打招呼，并和他轻轻握了一下手。 ◇ 王强转回身来，跟张林握了下手，算是说了再见，然后就走了。 ◇ 我们见面时什么话也没说，只是握了个手。
握了握手		◇ 他们握了握手，王琳恭敬地叫了一声"贺伯伯"。 ◇ 所长挺温和，眯缝着细长的眼睛，还和我握了握手。 ◇ 我伸手再次跟这位张医生握了握手。
握＋名/代＋(…)＋手 握＋名＋(…)＋手	★	◇ 在中国，如果与女性见面，女性主动伸出手后，男性才应轻握对方的手。
握＋代＋(…)＋手		◇ 见面时，他双手紧握我的双手，满脸笑容。 ◇ 那位客户紧握经理的手说："太感谢你们了！" ◇ 记者紧握他们湿湿的手，充满了感激。
握＋数量＋手 握＋数＋次＋手	★	◇ 不需要千言万语，让我们紧紧地握一次手，无言地告别吧。 ◇ 让我们再握一次手吧！ ◇ 他恨不得跟每个送行的人握八次手，道十回谢。
握一下手		◇ 握一下手而已，你害什么羞啊？

离析形式	所占比例	例 句
握＋量＋手 握个手	☆	◇ 他对我俩说："你们握个手吧！" ◇ 你等我一下，我过去跟他握个手，道个别。 ◇ 不就是跟王市长握个手嘛，你紧张什么？
握（一）握＋名/代＋手	☆	◇ 见面时，他很想握握那位学者的手，可是一直没有机会。 ◇ 说完，他重重地握一握我的手，转身迅速离开了。
握＋的＋手	○	√ 演出结束后，我是专门到后台跟他握的手。
握＋代＋手 握什么手	○	√ 都是老朋友了，见面还握什么手啊？

X

X 001 洗澡

xǐ // zǎo 用水洗身体，使身体干净、舒服（bathe; take a bath; have a bath）：踢完球身上太脏了，快点儿去~！

离析形式	所占比例	例 句
洗＋了＋(…)＋澡 洗了澡	★★★	◇ 回到家，他匆匆**洗了澡**就躺在床上再也动不了了。 ◇ 他**洗了澡**，换了衣服，又匆匆忙忙出去了。 ◇ 我已经给孩子们**洗了澡**了。
洗＋了＋数量＋(…)＋澡		◇ 她认认真真地**洗了个澡**，才上床睡觉。 ◇ 我拿她的香皂**洗了个澡**，身上的汗味儿就没了。 ◇ 他**洗了个冷水澡**，换上衣服就走了。 ◇ 逛街后，我在朋友那里**洗了个热水澡**，吃了一顿饭。 ◇ 孩子们都像**洗了个泥澡**，全身上下都是泥。 ◇ 吃完饭，我又**洗了个舒畅的热水澡**。 ◇ 不论什么时候他都是精精神神、清清爽爽的，好像是刚刚**洗了一个澡**。 ◇ 我回到家痛痛快快地**洗了一个澡**，感觉心情好多了。 ◇ 妈妈给五个孩子挨个**洗了一遍澡**。 ◇ 每次读这本书，我都觉得自己的灵魂**洗了一次澡**，一下子清爽了很多。 ◇ 天气太热，总是出汗，我这一天就**洗了五回澡**。

离析形式	所占比例	例 句
洗＋补＋(…)＋澡 洗完（了）澡	★★	◇ 都一个小时了，你还没**洗完澡**啊？ ◇ **洗完澡**，换上睡衣，她觉得轻松极了。 ◇ 别人都吃完饭**洗完澡**了，小唐才拖着疲倦的身子回到宿舍。 ◇ **洗完了澡**，我们躺在床上聊了起来。 ◇ **洗完了澡**，她一口气吃了五六块蛋糕。
洗＋(不) 上＋(…)＋澡		◇ 那时候条件很差，吃不上蔬菜，**洗不上澡**。 ◇ 在那儿，有时候一两个月也**洗不上一次澡**。 ◇ 村民们现在终于能**洗上热水澡**了。 ◇ 水管修好了，终于可以痛痛快快**洗上一个热水澡**了。
洗好澡		◇ 洗澡很简单，**洗好澡**就得费点儿时间了。
洗＋量＋(…)＋澡 洗个澡	★★	◇ 我回去**洗个澡**，好好睡一觉。 ◇ 你喝点儿茶，**洗个澡**，早点儿休息吧。 ◇ 花上千元**洗个澡**，太浪费钱了吧！
洗＋个＋(…)＋澡		◇ 舒舒服服地**洗个热水澡**，是一个放松的好办法。 ◇ 在这里每天能**洗个热水澡**，吃得也不错。 ◇ 你们要**洗个冷水澡**吗？ ◇ 盛夏，痛痛快快**洗个冷水澡**是件很舒服的事。

离析形式	所占比例	例　句
洗＋名＋澡 洗温泉澡	★	◇ 新技术使在家**洗温泉澡**成为了可能。 ◇ 居民每户每月只需交 10 元钱，每逢周末的晚上，便可在家**洗温泉澡**。
洗海/海水澡		◇ 五月底就有人开始**洗海澡**了。 ◇ 下午，他们要一起去**洗海水澡**。
洗热/冷水澡		◇ 7 月 22 日，是李林最难忘的一天，从这天起，他可以在家随时**洗热水澡**了。 ◇ 虽然爷爷已经 80 多岁了，但还是坚持每天**洗冷水澡**。 ◇ 他身体特别好，即使冬天也**洗冷水澡**。
洗＋数量＋(…)＋澡	★	◇ 他盼着赶紧到家痛痛快快**洗一个澡**。 ◇ 妈妈每两天给奶奶**洗一个澡**，有时候我也来帮忙。 ◇ 我现在想做的第一件事是**洗一个舒服的热水澡**。 ◇ 爷爷说以前**洗一次澡**要五分钱，现在五十块钱都不够了。 ◇ 在这个小镇，人们一周只能去大澡堂**洗一次澡**。 ◇ 他每个星期都要去**洗一回温泉澡**。 ◇ 他呀，家里有热水器不用，非来**洗十块钱的澡**。 ◇ 在那里**洗一分钟澡**要花 20 元。

离析形式	所占比例	例　句
洗＋过＋(…)＋澡 洗过澡	★	◇ 晚上**洗过澡**，他又看了会儿电视才去睡觉。 ◇ 听说**洗过澡**之后，身体就会轻两斤。 ◇ 我已经为小狗**洗过澡**了。 ◇ 几分钟后，刚**洗过澡**的王刚从卫生间走了出来。 ◇ 我已经五天没进过家门，没**洗过澡**了。 ◇ 真不可思议，这儿的人从小到大没**洗过澡**。 ◇ 我挺喜欢这只小猫的，还给它**洗过澡**。
洗＋过＋名＋澡		◇ 我从来没**洗过热水澡**，一直洗冷水的。
洗＋过＋数量＋(…)＋澡		◇ 十天了，他没**洗过一次澡**。 ◇ 他把小狗花花带回家后，已经给它**洗过好几次澡**了。 ◇ 在那儿的一年里，我没有**洗过一次热水澡**。 ◇ 小时候奶奶给我**洗过一回澡**，这是第二回。
澡…洗…	★	◇ 晚上回家，他**澡**也没**洗**，衣服也没脱就睡觉了。 ◇ 你先等会儿，让我把**澡洗**完。 ◇ 有**澡洗**就不错了，还抱怨什么呢？ ◇ 对他来说，一盆水从头浇到脚，一个**澡**就算**洗**好了。
洗＋着＋澡	☆	◇ 他在卫生间**洗着澡**唱着歌儿。
洗＋代＋的＋澡	☆	◇ 我决定按时**洗我的澡**，先不管家里乱七八糟的事儿。
洗＋洗＋(…)＋澡 洗＋洗＋名＋澡	☆	◇ 你有空去**洗洗温泉澡**吧，对你的身体有好处。
洗＋的＋澡	○	◇ 我今天是到澡堂**洗的澡**。

X 002 下台¹

xià//tái 不再担任某一领导职务或交出政权（fall out of power; step down）：他~后，他的儿子坐上了他的位置。

离析形式	所占比例	例 句
下＋了＋台	★★★	◇ 新政府在人民的反对声中下了台。 ◇ 由于贪污，张市长在一片骂声中下了台。 ◇ 当初他帮了我们那么多，现在虽然下了台，我们还是应该去看看他的。 ◇ 即使是一位下了台的领袖，也还会拥有追随者。
下＋的＋台	○	√ 他是去年下的台。
下＋得/不了＋台 下不了台	○	◇ 他这个人有后台，就算出了事也下不了台。

X 003 下台²

xià//tái 摆脱尴尬窘迫的处境（break away from a difficult or embarrassing situation）：你这样说太不给他留面子了，让人家怎么~啊？

离析形式	所占比例	例 句
下＋得/不了＋台 下得了/不了台	★★★	◇ 我可不能那样说，我得让张市长下得了台啊！ ◇ 上课的时候，有些老师常常因为被学生质疑而感到下不了台。 ◇ 他故意当场指出我的错误，让我下不了台。 ◇ 她很生气，觉得小张故意让她下不了台，于是生气地离开了。 ◇ 有几次，他搞得张明下不了台，张明心里一直很恨他。

离析形式	所占比例	例　句
下得来/不来台		◇ 你总得给人个面子，让人下得来台吧？ ◇ 你要是让老板下不来台，他会更讨厌你的。 ◇ 他埋怨我刚才当着张老师的面让他下不来台。 ◇ 女朋友当众拒绝他的求婚，叫他很下不来台。

X004 献身

xiàn//shēn 把自己的全部精力或生命献给祖国、人民或事业（dedicate to；devote）：他为了革命而光荣～了。

离析形式	所占比例	例　句
献＋代＋身	★★★	◇ 为了祖国就算献我们的身，我们也不会犹豫。
献＋了＋身	○	√ 他为救那个小女孩儿英勇献了身。
献＋的＋身	○	√ 他是在救火时献的身。

X005 像样

xiàng//yàng 有一定的水平，够一定的标准（presentable）：虽然他是外国人，可是汉字写得倒挺～！

离析形式	所占比例	例　句
像＋代＋样 像什么样	★★★	◇ 看你整天也不洗澡，也不换衣服，像什么样[※]！ ※像什么样：意思是不像样，"什么"表否定和强调。

X006 泄气

xiè//qì 失去信心（feel discouraged; lose heart）：遇到困难也不要悲观～。

离析形式	所占比例	例句
泄＋了＋(…)＋气 泄了气	★★★	◇ 听他这么一说，刚才劲头十足的同学们一个一个泄了气。 ◇ 他本来干劲儿十足，可是事实让他泄了气。 ◇ 不要因为遇到困难就泄了气，必须要坚持到底。 ◇ 日子还长呢，现在泄了气怎么能行呢？ ◇ 离高考不到十天了，你好好鼓励鼓励她，别让她泄了气。
泄＋了＋名/代＋气		◇ 他的做法彻底泄了大家的气。
泄＋代＋的＋气	☆	◇ 不要再抱怨了，否则就更泄自己的气了。 ◇ 你就这样泄自己的气啊！你应该打起精神再来一次。
气…泄…	☆	◇ 人靠一股气活着，气泄了，就没办法了。 ◇ 他的表现让老板的气都泄没了。
泄＋过＋气	○	◇ 虽然遇到很多困难，但是他从来没有泄过气。

X007 行贿

xíng//huì 把钱物送给有权力的人以求得私利（bribe; bribery; grease the hand of; offer a bribe）：他是通过～才当上的科长，而不是因为自己的才干。

离析形式	所占比例	例句
行＋了＋(…)＋贿 行了贿	★★★	√ 那支球队承认自己向裁判行了贿。 √ 听说他是行了贿才低价买到这套房子的。

离析形式	所占比例	例句
行＋了＋数量＋贿		◇ 为了办成这件事，他又给张秘书**行**了**一次贿**。 √ 我也是走后门**行**了**点儿贿**才买到票的。 √ 为了让教练对自己的孩子特殊照顾点儿，他向教练**行**了**点儿贿**。 √ 他先后给市长**行**了**二百万元的贿**。
行＋过＋(…)＋贿 行过贿	○	√ 他这些年到底向多少官员**行过贿**，这个谁也不知道。 √ 听说这次**行过贿**的候选人全部被取消了资格。
行＋过＋数量＋贿		√ 你到底向他**行过几次贿**？
行＋量＋贿 行点儿贿	○	√ 你给我**行点儿贿**，我就帮你保守秘密，不告诉你老婆你跟其他女人约会的事。 √ 现在去银行贷款，不**行点儿贿**怎么行？ √ "看来**行点儿贿**就是好办事啊！"他感叹说。
行＋的＋贿	○	√ 我们是通过市长的女儿**行的贿**。

X008 行军 xíng//jūn 军队进行训练或执行任务时从一个地点走到另一个地点（march）：打仗的时候常常夜里～。

离析形式	所占比例	例句
行＋数量＋军 行一次军	★★★	◇ 他们把一块小木板挂在前边战士的背包上，写几个字，**行一次军**就能认几个字。
行＋过＋军	○	√ 他年经的时候在军队**行过军**，打过仗。 √ 他相信这支在沙漠里**行过军**打过仗的军队一定可以打败敌人。

离析形式	所占比例	例句
行＋着＋军	○	√ 昨天这个时候,部队还在沙漠**行着军**呢!
行＋了＋(…)＋军	○	√ 我们在沙漠一共**行了**三天**军**。
行＋的＋军	○	√ 部队什么时候**行的军**,我怎么没得到消息?

X009 宣誓

xuān//shì 在一定的仪式上通过专门的语言和动作当众表明决心（make a pledge; make a vow; plight; swear; take an oath）：总统今天要～就职。

离析形式	所占比例	例句
宣＋了＋誓	★★★	◇ 大家都**宣了誓**,签了名。 ◇ 新总统把手放在宪法上**宣了誓**。 ◇ 授完红领巾,这些新入队的孩子又集体**宣了誓**。
宣＋过＋誓	★★	◇ 我在党旗下**宣过誓**：把一切献给党! ◇ 我们上战场前**宣过誓**,一定要把敌人赶走!
宣＋补＋誓 宣完誓	★	◇ **宣完誓**,你就真正成为我们的一员了。
宣＋的＋誓	○	√ 我们昨天上午九点**宣的誓**。

Y

Y001 押韵

yā//yùn 诗词歌赋中，某些句子的最后一字用韵母相同或相近的字，使音调和谐优美，也作压韵（rhyme; pun; scan）：这首诗不是很～。

离析形式	所占比例	例句
押＋着＋韵	★★★	◇你这首诗写得不错，词用得很合适，还押着韵呢！
押＋数量＋韵 押一个韵	★★★	◇很多时候，一首唐诗只押一个韵。
押＋过＋韵	○	√他写的诗从来没有押过韵。
押＋了＋韵	○	√他改了很多次，才使整首诗押了韵。
押＋补＋韵 押不上韵	○	√你得把这个字换一下，要不就跟其他几句押不上韵了。

Y002 延期

yán//qī 延长或推迟日期（defer; put off; adjourn; reserve）：他因为出国一年，所以要～毕业了。

离析形式	所占比例	例句
延＋了＋(…)＋期 延了期	★★★	◇听说项目延了期，大家都非常失望。
延＋了＋数量＋期		√我借图书馆的书找不到了，只好把书延了一次期，争取点儿时间再好好找找。 √听说明天的口语考试又不能考了，唉，已经延了一次期了，看来这星期又不能去西藏玩儿了。

离析形式	所占比例	例　句
延＋过＋(…)＋期 延过期	○	√ 别着急，我的护照**延过期**，我知道该怎么办，我们一起去办吧！
延＋过＋数量＋期		√ 我的护照已经**延过一次期**了，还能再延期吗？ √ 你们公司太过分了，我们已经给你们**延过一次期**了，这期限都过去好几天了，货怎么还没送到？
延＋的＋期	○	√ 这次会议是因为什么**延的期**？
延＋补＋期 延不了期	○	√ 放心吧，会议**延不了期**的。

Y 003　要命¹

yào//mìng 使失去生命（depribe of one's life）：要钱没有，～一条！

离析形式	所占比例	例　句
要＋名/代＋命	★★★	◇ 一个残废了的人，居然还想**要**别人**的命**？ ◇ 他说快点儿给他准备一千万和一辆车，要不就**要**孩子**的命**。 ◇ 别说是几万，就是几百万，也不会有人愿意为你去**要**任何人**的命**的。 ◇ 我**要**您**的命**有什么用呢？最重要的是拿到我们的钱。 ◇ 快拿钱来，不然**要**你们**的命**！ ◇ 我们只**要**他的车，不**要**他**的命**！ ◇ 你一刀虽然可以**要**人**命**，但是我们都不怕你！ ◇ 不让我上网？你这不等于**要**我**命**吗？

离析形式	所占比例	例　句
要＋了＋(…)＋命 要＋了＋名/代＋(…)＋命	★	◇ 这种假奶粉，差点儿要了孩子的命。 ◇ 12年前老伴儿因心脏病去世了，这一突然打击差点儿要了老爷子的命。 ◇ 孙子是我的，要带他走，除非要了我的老命。 ◇ 就是这种病，差点儿要了老张的命。 ◇ 不料，一场事故要了他的命。 ◇ 谁再打他，我要了谁的命！ ◇ 臭小子，瞧我这次不要了你的小命！
命…要…	★	◇ 钱要，命也要！ ◇ 你病得这么重都不去医院，非把老命要了不可。 ◇ 老命不要了，我也不能叫你们偷了东西就跑！ ◇ 老伴儿笑我为了写作连老命也不要了。
要＋形＋命 要小命	☆	◇ 你怎么敢跟他这样说话，不要小命啦？ ◇ 快让路，不要小命了吗？
要＋代＋(…)＋命 要＋代＋数量＋命	☆	◇ 你别说，要你一条命，还真一点儿不费事！
要＋代＋的＋形＋命		◇ 得了这个病是老天爷想要我的老命啦！ ◇ 她还是个婴儿，你用冷水给他洗澡不是要她的小命吗？
要＋补＋命 要＋过＋(…)＋命	☆	◇ 他不但跟我们要过钱，还要过命呢！ ◇ 等我要过他的命，再说别的吧！

223

Y 004	要命²	yào // mìng 表示程度达到极点（perishing; very much）：我的伤口疼得～。	
离析形式		所占比例	例句
要＋名/代＋命 要＋名＋命		★★★	◇要是孩子生起病来，那就简直要母亲的命！ ◇你这样的要求，简直是要人命！
要＋代＋命			◇要是让大家知道他偷了钱，简直是要他的命。 ◇一斤猪肉二十块，你这不是要大家命吗？
要＋了＋(…)＋命 要了命		★	◇这一路从东到西的，真要了命。 ◇要是他的房子被没收了，那可真是要了命了。 ◇做成了这个买卖之后，他高兴得要了命。 ◇这可真是个要了命的好机会。
要＋了＋名/代＋命			◇你这想法太大胆了，太冒险了，快要了咱的命了！ ◇一下子借五百万，这简直是要了宋总的命了！ ◇一天工作二十个小时，这可真要了我的命！

Y 005	移民	yí // mín 迁移到其他地区或国家落户居住（immigrant）：听说你们全家要～到国外了？	
离析形式		所占比例	例句
移＋了＋民		★★★	◇那些移了民到外地去的人，要回头也不容易了。
移＋的＋民		○	√你们什么时候移的民？

224

Y006 迎面

yíng//miàn 冲着脸，对面（head-on, face to face into one's face）：西北风正～刮着。

离析形式	所占比例	例句
迎+了+面	★★★	◇我们本来挺熟的，但后来不知怎么淡了，迎了面也只点个头而已。
迎+着+面	★★★	◇自从有了竞争关系，每次我们迎着面走向对方时，他都把头转向一侧，装作没看到我。

Y007 用功

yòng//gōng 学习、工作等努力（hit the books）：他学习很～，所以成绩很好。

离析形式	所占比例	例句
用+过+功	★★★	◇方先生，你对文学用过功没有？
用+衬+功 用起功来	★★★	◇受到了老师鼓励以后，他果真用起功来。
用+量+功 用点儿功	★★★	◇只要我再用点儿功，成绩就能赶上来了。
用+数量+功	★★★	◇我想到这儿来好好用一两年功，把我的汉语学好。
功…用…	★★★	◇他这人，做任何事情，功是不肯用的，只要些小聪明。
用+了+(…)+功 用了功	○	√你看，用了功成绩就上去了吧？
用+了+数量+功		√用了一天功了，休息会儿吧。
用+用+功	○	√别着急，你基础好，多用用功成绩会好起来的。

Y008 用心

yòng//xīn 集中精神，认真（intention; at pains; motive）；别开小差，～听！

离析形式	所占比例	例　句
用＋代＋的＋心	★★★	◇他用他的心完成了这部音乐作品。 ◇在学习上，他永远不用他的心。 ◇我必须用自己的心去给病人看病，全心全意地帮助他们。 ◇我一直在用我的心画画，所以大家都说我的画好。 ◇她是用自己的心来喂养这些孩子的。
心…用…	★★	◇他都这么大了，恋爱也不谈，一心用在工作上。 ◇你能不能把心用在学习上啊？ ◇你要是心用在书上，也不至于考这么点儿分！ ◇他的心都用在一个地方——炒股。 ◇你的心都用在恋爱上了，怎么可能安心工作？
用＋过＋(…)＋心 用＋过＋代＋的＋心	☆	◇在学习上，他好像从没用过他的心。
用＋形＋的＋心 用全部的心	☆	◇他用全部的心关爱着这个家。
用＋了＋(…)＋心 用了心	○	◇看来他是真用了心，这次进步了很多。
用＋了＋形＋心		◇为了把这个女孩儿追到手，他可是用了不少心。
用＋的＋心	○	◇为了进这家公司，他用的心还真不少。
用＋用＋心	○	◇到了那儿，多用用心，争取早点儿把技术学到手。

游泳 yóu//yǒng 人或者动物在水里游动（swim）：这条河水太深，你下去～会有危险。

离析形式	所占比例	例 句
游＋过＋(…)＋泳 游过泳	★★★	◇ 我在海里**游过泳**。 ◇ 我在大学时爬过山，**游过泳**，还是田径比赛的优胜者。 ◇ 这个小水库我记得非常清楚，因为我小时候在里面**游过泳**。
游＋过＋数量＋泳		◇ 我高中时几乎天天去游泳，可是大学第一年总共才**游过五次泳**。
游＋补＋(…)＋泳 游＋完＋(…)＋泳	★★★	◇ 他**游完泳**，躺在沙滩上晒太阳。 ◇ 我们**游完泳**上岸，天已经黑了。 ◇ 我们在海里**游完泳**就回宾馆了。 ◇ **游完这场泳**，我的心情突然变得好起来了。
游起泳来		◇ 你**游起泳来**就像一条鱼。
游不了泳		◇ 我今天不舒服，**游不了泳**，你们去吧！
游不成泳		◇ 外面正下雨呢，**游不成泳**了，咱们只能在房间看电视了。
游＋了＋(…)＋泳 游了泳	★★	◇ 他下午带我**游了泳**，我们玩儿得很开心。 ◇ 天气很热，我们打完球后又去**游了泳**。
游＋了＋数量＋泳		◇ 我和她到白河**游了几次泳**，都是把衣服放在河边。
游＋数量＋泳 游＋数＋次＋泳	★	◇ 我每周**游三次泳**。 ◇ 在海边，才**游一次泳**，我就晒黑了。 ◇ 在那儿一年也难得有机会**游几次泳**。
泳…游…	★	◇ 他**泳**游得非常好。 ◇ 他们中有几个人**泳**游得很棒。

离析形式	所占比例	例 句
游＋代＋泳	☆	◇ 它下它的雨，我**游**我的**泳**。
游＋的＋泳	○	◇ 你们什么时候去**游**的**泳**？怎么不叫上我啊？
游＋游＋泳	○	◇ 有时间的话多**游游泳**，跑跑步，锻炼锻炼身体。

Y 010 有名

yǒu // míng 名字为大家所熟知，出名（be famous）：他是中国～的画家。

离析形式	所占比例	例 句
有＋了＋(…)＋名 有了名	★★★	◇ 人**有了名**，办起事来就容易多了。 ◇ 正是因为他，这种新形式的画从此**有了名**。 ◇ 自从他**有了名**，在工作上得到了更多的机会。 ◇ 我们俩小时候是非常好的朋友，后来她**有了名**，忙起来了，我们就再没什么联系了。
有＋了＋(…)＋形＋名		◇ 这些明星没名的想出名，**有了一点儿小名**的就想出大名。
名…有…	☆	◇ 他这样做，**名**也**有**了，利也有了，一举两得。
有＋量＋名 有个名	☆	◇ 你这么漂亮，歌唱得又好听，想**有个名**还不简单！
有＋代＋名 有什么名	○	√A：听说小张在你们公司很有名，连总经理都知道他。 B：他能**有什么名**？你别听人瞎说！

Z

Z 001 遭殃	zāo//yāng 受到灾祸（suffer disaster）：一下大雨，住在河边的老百姓就～了。	

离析形式	所占比例	例 句
遭＋了＋(…)＋殃 遭了殃	★★★	◇ 下了三天三夜的雨，老百姓可真是**遭了殃**。 ◇ 他坐了牢，老父亲也跟着**遭了殃**，没人照顾。 ◇ 河里的水被污染了，水里的鱼虾也**遭了殃**，死的死，烂的烂。
遭＋了＋形＋殃		◇ 自从使用了假农药，农民们**遭**了**大殃**了。
遭＋了＋数量＋(…)＋殃		√ 跟着你，我**遭了多少殃**，吃了多少苦啊。 √ 他觉得自己**遭了一辈子殃**，现在终于时来运转了。 √ 这次的大风让这里的树林又**遭了一次殃**。 √ 他自己没处理好这件事，惹得他的秘书也跟着**遭了一回殃**。 √ 这次的虫灾让果农**遭了一次大殃**。
遭＋过＋殃	○	√ 他曾经因为说错一句话**遭过殃**。 √ 他曾经受到过反对者的威胁，甚至他的汽车也因此**遭过殃**。

Z 002 造反 zào//fǎn 发动叛乱，采取反抗行动（rebel; revolt）：你想～啊，敢不听我的话！

离析形式	所占比例	例句
造＋名/代＋(…)＋反 造＋名/代＋反	★★★	◇现在的学生，居然敢造学校的反。 ◇你不造他的反，他就造你的反！ ◇老板又没有压迫我，我为什么要造他的反？ ◇你们要勇敢一些，造公司的反，自己解放自己！
造＋名/代＋数量＋反		◇我也造学校一个反！
造＋了＋(…)＋反 造了反	★★	◇村里的人受尽了他们的欺负，都造了反！ ◇再也不能忍受的农民终于造了反。
造＋了＋代＋反		◇听说一个叫李东海的人领着大家造了他的反。
造＋过＋(…)＋反 造过反	★	◇前些年，他不记得是哪一年了，白莲教不是造过反吗？
造＋过＋代＋反		◇想到自己也冲动地造过她的反，我就后悔得睡不着觉。
造＋的＋反	○	√他们是因为什么造的反？
反…造…	○	√这反你们敢造吗？

Z 003 增产 zēng//chǎn 增加生产；增加产量（increase production）：这个月我们公司采取了怎样的～措施？

离析形式	所占比例	例句
增＋量＋产 增点儿产	★★★	◇我们也试试这种方法吧，说不定也能**增点儿产**呢！

离析形式	所占比例	例　句
增＋了＋产	○	√ 今年我家的玉米增了产，爸爸高兴坏了。 √ 科技使田里的大豆增了产。 √ 农药和化肥的使用的确使粮食增了产。
增＋过＋产	○	√ 从前年开始，这家工厂基本没有增过产。
增＋的＋产	○	√ 我们村的粮食全靠科技增的产。

Z004 沾光

zhān // guāng 凭借别人或者某种事物而得到好处 (benefit from association with sb. or sth.) 他的同桌学习很好，所以这次考试他可以～了。

离析形式	所占比例	例　句
沾＋了＋(…)＋光 沾了光	★★★	◇ 这家宾馆生意十分红火，连附近的小商店也**沾了**光。
沾＋了＋数量＋光		◇ 朋友发了财，我也跟着**沾了**点儿光。
沾＋了＋名＋光		◇ 幸好我能帮得上忙，否则我白白**沾了**朋友的光。 ◇ **沾了**草原风景的光，才有了我杰出的画作。
沾＋了＋代＋光		◇ 我不觉得**沾了**他什么光，这些事情基本是靠我们自己完成的。
沾＋了＋动＋光		◇ **沾了**男友爱电影的光，我也看了好多部大片。
沾＋了＋形＋光		◇ 住在一起四年，他在同屋那里**沾了**不少的光。
沾＋名/代＋光 沾＋名＋光	★★★	◇ **沾**名牌的光，他们的产品不用宣传就卖出去了很多。 ◇ 母亲怕我们因为想**沾**父亲的光而不好好学习，所以一直对我们要求严格。 ◇ **沾**文化的光，这家小茶馆儿开得十分有品位。

离析形式	所占比例	例　句
沾＋代＋光		◇ 走入社会，我没沾任何人的光，完全靠自己立足社会。 ◇ 沾你的光，我们不用辛苦挣钱了。 ◇ 你沾他的光，那还不是应该的？
沾＋助＋(…)＋光 沾＋到＋(…)＋光	★	◇ 他在北京十几年，老家人没沾到一点儿光。
沾＋上/不上＋(…)＋光		◇ 我和书店老板同住一楼，也就沾上了光，可以买到打折的书。 ◇ 他人在国外，我们是沾不上一丁点儿光。
沾＋数量＋光 沾半点儿/点儿光	★	◇ 虽然是亲戚关系，但我从来没想在他那里沾半点儿光。 ◇ 全村人都希望他毕业后能当官，这样大家都能沾点儿光。
沾些光		◇ 你做官，我们沾些光不是自然吗？
沾＋着＋(…)＋光 沾着光	☆	◇ 别抱怨，分你五万你还沾着光呢，你还想怎么样？
沾＋着＋名/代＋光		◇ 他是名人，没有依靠学校的名气，反而是学校沾着他的光。
沾＋过＋(…)＋光 沾过光	☆	◇ 他这个人很精明，没有一个人在他那里沾过光。
沾＋过＋名/代＋光		◇ 我的五个子女都靠自己在大城市立足，我们没沾过他光。
光…沾…	☆	◇ 虽然你做了大领导，但是我还是坐公共汽车不坐你的公车，你的光我不想沾。

离析形式	所占比例	例句
沾＋沾＋（…）＋光	☆	◇ 什么"东方威尼斯"啊，什么"第七大道"啊，如今的房地产都想**沾沾洋名字的光**。

Z005 站岗

zhàn // gǎng 站在岗位上，执行守卫、警戒任务（sentry; stand guard; stand sentry）：在大院门口～的是两个新战士。

离析形式	所占比例	例句
站＋好＋（…）＋岗 站＋好＋（…）＋岗	★★★	◇ 我愿意为首都的人民**站好岗**。 ◇ 作为一名光荣的军人，我要严格要求自己，**站好每一班岗**。 ◇ 明天就要离开部队了，我要**站好最后一班岗**。 ◇ 虽然已经提出辞职，但是我还是会**站好最后一班岗**的。
站惯了岗		◇ 也许是**站惯了岗**，在路边站了两个小时了，也不觉得累。
站＋完＋（…）＋岗		◇ 即使患了胃病，小战士也是坚持**站完岗**，才回宿舍休息。 ◇ 发烧39度，他也一句话不说，坚持**站完两个小时的岗**才去医院。
站＋了＋（…）＋岗 站了岗	★★	◇ 小梁一早就去门口**站了岗**。
站＋了＋数量＋岗		◇ 刚才大队长替我**站了半个小时的岗**。 ◇ 来自四川的小李已经在外交部**站了四年的岗**了。
站＋了＋形＋岗		◇ 在军队十来年，他为祖国**站了不少岗**。
站＋数量＋岗 站＋（数）＋班＋岗	★	◇ 我在国旗班，每天**站六班岗**。 ◇ 我平时太忙，今天就陪你**站班岗**吧。

离析形式	所占比例	例 句
站＋名/代＋岗 站＋名＋岗	☆	◇今天我**站**夜班**岗**，你呢？
站＋代＋岗		◇五十年前我就**站**这**岗**，一晃，现在已经是七十岁的人了。 ◇也没什么敌人，**站**什么**岗**，赶快跟我去吃顿饭吧。
站＋过＋岗	☆	◇黄明在部队里做过饭，养过猪，也**站过岗**。
站＋着＋岗	○	◇别说了，我正**站着岗**呢！
站＋的＋岗	○	◇你什么时候**站的岗**？
站＋站＋岗	○	◇在部队，我们的生活就是**站站岗**，学习一些技术，不是很忙。
岗…站…	○	◇我来部队这么久了，一次**岗**还没有**站**过呢！

Z 006 招手 zhāo//shǒu 举起手来上下或左右晃动，表示叫人来或跟人打招呼（beck；beckon；wave）：他在马路对面向我～，叫我过去。

离析形式	所占比例	例 句
手…招…	★★★	◇王琳向他们把**手**一**招**，他们就过来了。 ◇演出快结束了，我们感到脸笑疼了、**手招**累了，几乎不能坚持了。 ◇天天见面，后来再看到他，我连**手**也懒得**招**了。 ◇我对她**手**一**招**，叫她等我一会儿。

离析形式	所占比例	例　句
招＋着＋手	★★	◇火车已经开走了，她还站在那儿**招着手**张望呢。 ◇我走出好远回头望去，她仍旧向我**招着手**。 ◇汽车开动了，轮椅上的老妇人**招着手**，挥动着花束。 ◇"老太太，您来坐吧。"他向老太太热情地**招着手**说。
招＋了＋(…)＋手 招＋了＋(一)＋下＋手	★	◇我冲他**招了一下手**，他就朝我走了过来。 ◇我们互相**招了下手**，就各走各的了。
招（一）招手	★	◇他看不见我们，你**招招手**他就看到了。 ◇男友在路对面对我**招一招手**，说："过来！"
招＋数量＋手 招＋数＋次＋手	☆	◇他朝她**招三次手**，她才发现。
招＋过＋(…)＋手 招＋过＋数量＋手	☆	◇他用一种不信任的眼光看着这个曾经向他**招过千百次手**的女人。

Z007 着急

zháo//jí 心急，急躁不安（feel anxious；worry）：别~，慢慢说。

离析形式	所占比例	例　句
着＋了＋(…)＋急 着了急	★★★	◇小明这下真**着了急**，想向同屋求救，却开不了口。 ◇老王一听**着了急**，赶紧打车往家赶。 ◇小林这才**着了急**，知道自己犯了多么严重的错误。

离析形式	所占比例	例　句
		◇ 周冲听他这么说，心里也**着了急**，赶紧追了出去。 ◇ 一看小谭真**着了急**，他更不知该怎办才好了。 ◇ 她因为大儿子的婚事早就急得不行了，现在连两个弟弟也为他**着了急**。
着＋了＋形＋急		◇ 为了他们今年能结婚，父母**着了很大的急**。
着＋代＋急 着什么急	★★	◇ 没看我正忙着吗，**着什么急**？ ◇ **着什么急**嘛，好戏还在后头呢！ ◇ 老婆过世还不到一年，**着什么急**呀，等孩子大点儿了再考虑结婚的事儿吧！ ◇ 他就是这样的人，你跟他**着什么急**？
着＋这/那个＋急		◇ 孔老师说自己心中有数，让他别**着这个急**。 ◇ 他现在是名人了，哪用为钱**着那个急**！
着多少急		◇ 你看，我们准备得好，少**着多少急**呀！
着＋数量＋急 着（一）点儿急	★	◇ 都这时候了，他不能不**着点儿急**了。 ◇ 她觉得这件事多少能让丈夫**着点儿急**。 ◇ 她是你们的女儿，现在找不到了，你难道就不**着一点儿急**？ ◇ 她心里很生气，可是还要把气压住，好让老人们少**着一点儿急**。
着一会儿急		◇ 老爸后来说，他不过是想和周老开个玩笑，让他**着一会儿急**。

离析形式	所占比例	例句
着＋形＋急 着＋这/那么大＋急	☆	◇ 这点儿小事，叫大伙**着这么大的急**，真不好意思！ ◇ 你当初要是早准备，也不至于现在**着这么大的急**。 ◇ 要是病的是你，我也不会**着那么大急**，孩子身体太差了，真怕他出什么意外。
着＋过＋(…)＋急 着过急	☆	◇ 他办事总是不紧不慢的，好像从来没有**着过急**。
着＋过＋代＋急		◇ 我活了这么大，向来没有**着过这样的急**。
着＋补＋急 着起急来	☆	◇ 在一旁的工作人员也跟着**着起急来**。 ◇ 乘客和司机都**着起急来**：这样堵下去所有的人上班都要迟到了！
急…着…	☆	◇ 这下，打折活动又延了几日，消费者没**急着**了。

Z 008 照相 zhào//xiàng 用照相机拍下人或物体的影像（take a picture）：我不太喜欢～，所以我没带相机。

离析形式	所占比例	例句
照＋了＋(…)＋相 照了相	★★★	◇ 最后，参加会议的人在一起**照了相**。 ◇ 别人给我和她**照了相**。 ◇ 我们找了一个游客为我们**照了相**。 ◇ 从故宫出来，他们在门口**照了相**留念。

离析形式	所占比例	例　句
照＋了＋数量＋相		◇ 由于时间紧急，游客们只是在长城上**照了张相**就走了。 ◇ 孩子生日那天，他们抱着孩子去照相馆**照了张相**。 ◇ 进了公园，**照了几张相**，觉得没什么意思，就回家了。 ◇ 他去那家照相馆，**照了张四寸相**。 ◇ 他让我坐在图书馆台阶上，给我**照了个相**。 ◇ 我们在颐和园**照了一小时相**才走。 ◇ 大家在教室里闹哄哄地**照了一通相**，然后才一起去吃饭。
照＋了＋形＋相		◇ 他特意到照相馆**照了彩相**。
照了照相		◇ 我们在那里**照了照相**，后来累了就回来了。
照＋补＋相 照完相	★	◇ **照完相**，老王和我们一一道别后才离开。 ◇ 他给我**照完相**说："你又胖了。"让我很生气。 ◇ **照完相**后，我们又去买了些纪念品才走。
照（不）成相		◇ 相机一会儿没电了，一会儿坏了，闹到最后我们也没**照成相**。 ◇ 下雨中山公园就不好看了，也**照不成相**，去了也白去。
照好相		◇ **照好相**一问，才知道价钱很高。
照＋数量＋相 照＋数＋张＋相	★	◇ 我建议，几位老朋友一起，和老爸**照一张相**。 ◇ 我们三个人打算在一起**照一张相**。 ◇ 你在这儿**照几张相**再走吧，我们在宾馆等你。
照＋数＋个＋相		◇ 我还要到那边**照几个相**，你们等我一会儿。

离析形式	所占比例	例　句
照＋数＋次＋相		◇ 现在照一次相至少得十块，多的还有上万的呢！
照＋过＋(…)＋相 照过相	☆	◇ 那位记者还专门为他们照过相。 ◇ 我好多年没去照相馆照过相了。
照＋过＋数量＋相		◇ 15岁时我在这里照过一张相。
照＋过＋形＋相		◇ 我过去照过好多相，可这几张是最棒的。
照＋动＋相	☆	◇ 我们一起照合影相时，他总喜欢站在角落。 ◇ 明天我们俩一起去照结婚相。
照＋代＋相	☆	◇ 你去照你的相吧，我去那边转转。
照＋的＋相	○	◇ 你们在哪儿照的相？
照＋照＋相	○	◇ 他喜欢周末的时候去郊区看看风景照照相。
相…照…	○	◇ 你这相是怎么照的啊？把我照得这么胖！

Z 009　争气　zhēng//qì 不愿落后，下决心做好（try to make a good showing）：孩子真～，每次考试都名列前茅。

离析形式	所占比例	例　句
争＋数量＋气 争（一）口气	★★★	◇ 我参加这次武术大赛，就是为了给河南人争口气。 ◇ 我这么辛苦地工作就是为了给父母争口气。 ◇ 我们县几百年也没有一个女县长，我就是想为女人争口气。 ◇ 人活着就该争一口气。
争点儿气		◇ 你就努努力，给家里争点儿气。

离析形式	所占比例	例　句
争＋代＋(…)＋气 争＋这/那＋数量＋气	★	◇ 我们要**争这口气**，一定要拿下这个大项目。 ◇ 他这样做，完全是为**争这一口气**。 ◇ 你跟一个老人**争那一口气**干吗？
争＋这/那些＋形＋气		◇ 我不想**争这些闲气**※，最后一场空，有什么用？ ※争闲气：争没必要的气。 ◇ 你别跟他**争那些闲气**了，不值得。
争＋了＋(…)＋气 争了气	★	◇ 16枚金牌、22枚银牌和12枚铜牌，运动员们为祖国**争了光**，为中华民族**争了气**。 ◇ 考上北京大学，他为父母**争了气**，为全校**争了气**。
争＋了＋数量＋气		◇ 你能在大城市找到工作，算是给你父母和你的家乡**争了口气**。
争＋形＋气 争大/小气	☆	◇ 中国人要**争大气**，不要**争小气**。 ◇ 孩子，你可要**争气**，而且要**争大气**。
争＋补＋(…)＋气 争＋出＋(…)＋气	☆	◇ 只有得了金牌，才算是给中国落后的足球**争出一口气**。
争＋回＋(…)＋气		◇ 我不服输，我想**争回这口气**。
争不来气		◇ 他总是**争不来气**，得依赖别人。
争＋的＋(…)＋气	☆	◇ 说来说去，我们**争的就是一口气**。
气…争…	☆	◇ 你说，你的这口**气**想怎么**争**？
争＋过＋气	○	◇ 你什么时候给父母**争过气**了？你只会惹他们生气。

离析形式	所占比例	例　句
争＋争＋气	○	◇明明，你也学哥哥，**争争气**，期末给妈拿个第一名回来！

Z010 执勤

zhí//qín 执行勤务（perform guard duty）：上下班高峰时间，交警都会在路口～。

离析形式	所占比例	例　句
执＋形＋勤 执全勤	★★★	◇今天周三，我得执全勤。
执＋了＋(…)＋勤 执了勤	○	√王峰说，他到北京的第二天，就去天安门看了升国旗，还和天安门警卫一起**执了勤**。
执＋了＋数量＋勤		√前日，记者随和平公园的"爱护绿树"志愿者**执了一次勤**。
执＋过＋(…)＋勤 执过勤	○	√我十五岁的时候就单独**执过勤**。 √我在部队时，也带领战士**执过勤**，知道警察执勤不容易。 √我一直想找机会去我以前**执过勤**、站过岗的地方看一看。
执＋过＋数量＋勤		√我当警察都快一个月了，还没有**执过一次勤**呢，一直在培训。 √他刚来不久，没**执过几次勤**，没什么经验，遇到情况能不慌吗？
执＋的＋勤	○	√我昨天**执的勤**，今天休息。

Z011 执政

zhí // zhèng 掌握政权（be in office; be in power; be in the saddle; come into power; reign）：美国两大~党是民主党和共和党。

离析形式	所占比例	例 句
执＋过＋政	★★★	◇五十年以前，他们曾执过政，不过后来被推翻了。
执＋了＋政	○	√执了政，党的责任就加重了。 √后来新皇帝执了政，国家慢慢强盛起来了。
执＋的＋政	○	√这个皇帝什么时候开始执的政？

Z012 致电

zhì // diàn 给对方发电报或打电话，多用于正式场合（send a telegram; ring up）：主席~感谢他们的热情招待。

离析形式	所占比例	例 句
致＋动＋电 致感谢电	★★★	◇主席在飞机上给总统致感谢电，对总统的热情招待表示感谢。
致＋了＋(…)＋电	★★	◇上级部门发现后就给当地的公安局致了电，要求严肃处理这件事。 ◇当地政府向捐款的企业致了感谢电。
致＋名＋电	★★	◇我们的意见，详见致中央电。

Z013 致富

zhì // fù 实现富裕（get rich; make a fortune）：勤劳才能~。

离析形式	所占比例	例 句
致＋了＋富	★★★	◇近年来，他靠养奶牛致了富。 ◇是科技进步帮我们致了富。 ◇目前这个村药材种植面积已达200亩，不少农民由此致了富。

离析形式	所占比例	例　句
		◇ 几年来，韩丽丽种植蔬菜**致了富**，成了远近闻名的蔬菜种植能手。 ◇ 杜岩回到家乡后，开动脑筋，不仅种了天麻，而且还种其他药材，很快**致了富**。
致＋补＋富 致不了富	☆	◇ 只靠种植而不搞加工，是**致不了富**的。 ◇ 你不懂技术不但**致不了富**，还可能亏钱呢！
致上富		◇ 这两年，杨大妈见在本地同样能挣到钱，可以**致上富**，就不再去外地打工了。

Z 014　种地

zhòng//dì 在地里从事种植劳动（cultivate land）：农民～很辛苦。

离析形式	所占比例	例　句
种＋了＋(…)＋地 种＋了＋数量＋地	★★★	◇ 我**种了一辈子地**，还从未见过这样的种子。 ◇ 李老汉**种了一辈子地**，还是第一次拥有这么多钱。 ◇ 她用这种新技术让**种了一辈子地**的农民服了气。 ◇ 我**种了一辈子的地**，这地长什么，我还不清楚？
种＋过＋(…)＋地 种过地	★★	◇ 虽然他从没**种过地**，不过种得还算不错。 ◇ 他的经历很丰富，**种过地**、做过工，还画过漫画。
种＋过＋数量＋地		◇ 他少年时代跟着父亲**种过三年地**。

离析形式	所占比例	例 句
种＋数量＋地	○	√ 在城市生活压力太大了，我决定回家种几年地。
种＋补＋地 种得了/不了地	○	√ 你身体这么差，能种得了地吗？ √ 后来他得了癌症，再也种不了地了。
种＋的＋地	○	√ 你是什么时候开始种的地？
种＋种＋地	○	√ 我打算退休后到老家种种地、钓钓鱼，过点儿轻松的生活。
地…种…	○	√ 每年收获的粮食还不够自己吃的，你这地是怎么种的？

Z015 住院

zhù // yuàn 病人住进医院接受治疗（be in hospital）：你都病成这样了，怎么还不～啊？

离析形式	所占比例	例 句
住＋了＋(…)＋院 住了院	★★★	◇ 他因为生重病住了院。 ◇ 听说玛丽生病住了院，我们打算下课后去看她。 ◇ 朋友安排他住了院，又给他买了很多水果。 ◇ 刘老师工作很负责，有一次他累病住了院，还坚持备课。
住＋了＋数量＋院		◇ 他放心不下自己的工作，住了两天院就回公司了。 ◇ 去年，我因病住了两个星期院。 ◇ 结果她父亲气得大病了一场，还住了半个多月院。 ◇ 他生病住了一段时间院，身体反而越来越差了。

离析形式	所占比例	例 句
		◇ 前不久她因为胃病犯了，又住了一次院。 ◇ 今年他住了两次院，总共花了五万块钱。
住＋过＋院	★	◇ 我小时候在这家医院住过院。 ◇ 他身体好，从没住过院，就算生病，也是吃点儿药就好了。 ◇ 他们请在这家医院住过院的病人提点儿意见。
住＋补＋院 住上/不上院	★	◇ 医生建议我去借点儿钱，尽快让孩子住上院。 ◇ 这家医院很有名，大家费了好大功夫才安排他在这里住上院。 ◇ 听说他因为缺钱住不上院，公司立即送来了两万块钱。
住不了院		◇ 因为没钱住不了院，妈妈的病一直这样拖着。
住不起院		◇ 不能因为家里穷住不起院把孩子的病耽误了，我这里有一万块钱，拿去给孩子看病吧！
住＋数量＋院 住＋数＋天/月/年＋院	☆	◇ 他打算攒钱让母亲去住两个月院，把她的胃病好好治治。
住＋着＋院	○	√ 他上个月出了车祸，伤得不轻，现在还住着院呢！
住＋的＋院	○	√ 他是因为什么住的院啊？

245

Z016 注册

zhù//cè 向相关机构登记备案（enroll; register）：新生报到～从8月30日开始。

离析形式	所占比例	例　句
注＋了＋册	★★★	◇既然公司已经**注了册**，就应该好好宣传一下。 ◇他在北京的一个大学**注了册**，打算重读大学。 ◇此时，中国品牌的饮料已经在这个饮料王国**注了册**。
注＋过＋册	★	◇他们说这只船曾在香港**注过册**。
注＋的＋册	○	√你们什么时候去**注的册**？

Z017 注意

zhù//yì 集中精神在某一方面（pay attention to; heed; keep one's eyes open; look to; notice; observe; see to）：上课的时候应该～听讲。

离析形式	所占比例	例　句
注＋量＋意 注点儿意	★★★	◇他这个人最爱捉弄人，你跟他一起的时候可得**注点儿意**。 ◇坐地铁时，我们多留点儿神，多**注点儿意**，小偷就没机会了。
注＋过＋意	○	√他好像从来没有在自己的言语行为上留过心，**注过意**。 √对于妻子的行为，他以前从来没有**注过意**，可是最近他感觉越来越不对劲了。
注＋了＋意	○	√他很早以前就对这个女孩儿**注了意**了。 √最近钱包里的钱总是会少一点儿，这让妈妈**注了意**，她觉得可能是弟弟又在偷她钱了。

Z 018 作案

zuò // àn 进行违法犯罪活动（commit a crime）：听说他因为~又被抓了。

离析形式	所占比例	例 句
作＋的＋案	★★★	◇ 他对半个月前作的案供认不讳。 ◇ 在这些案件中，相当一部分是这两年内作的案。 ◇ 如果不是他作的案，又会是谁呢？ ◇ 如果真是他作的案，那他也真够狡猾的。 ◇ 他用什么工具作的案？
作＋了＋案 作了案	★	◇ 由于受不了金钱的诱惑，他又一次作了案。 ◇ 作了案之后，他竟然还到饭店吃了顿饭。
作＋动＋案 作起案来	★	◇ 像他这种人，作起案来从不考虑后果。
作完案		◇ 他进来的时候容易，作完案想出去的时候就难了。
作＋过＋(…)＋案 作过案	★	◇ 从监狱出来后，他就再也没作过案。
作＋过＋数量＋案		◇ 他前几年曾在这里作过几次案。
作＋形＋案 作大案	☆	◇ 公安机关最近抓到了一个常作大案的杀人犯。
案…作…		√ 出狱后，王明一次案也没再作过。

Z019 作文

zuò // wén 写文章 (write a composition)：听说你要参加这次的～比赛，对吗？

离析形式	所占比例	例　句
作＋数量＋文 作一篇文	★★★	◇ 我想作一篇文，说一说家庭暴力问题。
作一次文		◇ 爷爷说，他们小时候老师规定五天作一次文，现在的孩子们得天天写小文章，太辛苦了。
作＋过＋文	○	√ 张老因为生病，很久没动过笔作过文了。

Z020 作战

zuò // zhàn 打仗 (do battle; fight; war)：他们英勇～，打退了敌人一次又一次进攻。

离析形式	所占比例	例　句
作＋形＋(…)＋战 作＋形＋战	★★★	◇ 要想打倒敌人，我们必须有作持久战※的准备。 ※作持久战：进行长期战斗。 ◇ 那时候，全国大部分已经解放了，只有他们还在跟敌人作殊死战※。 ※作殊死战：进行拼死战斗。
作＋形＋一＋战		◇ 大家纷纷要求跟敌人作殊死一战。
作＋过＋战	★★★	◇ 我上过战场，同敌人作过战。 ◇ 我们一起作过战，是很好的战友。 ◇ 他同敌人刀对刀地作过战，我们都很崇敬他。
作＋了＋战	○	√ 我们昨天与敌人作了战，取得了很大胜利。
作＋补＋战 作完战	○	√ 作完战的战士们正在打扫战场。

Z021 做客

zuò // kè 作为客人到别人那里去（be a guest）：欢迎你到我家~！

离析形式	所占比例	例句
做＋了＋(…)＋客 做了客	★★★	√ 今天妈妈带我到王阿姨家**做了**客。
做＋了＋数量＋客		√ 我前两天还到他家**做了**一次**客**呢！
做＋着＋客	★★★	◇ 我正在别人家**做着客**呢，这事儿以后再谈吧！
做＋过＋客 做过客	★★★	◇ 我去他家**做过客**，知道他家在哪里，我带你去吧！
做＋过＋数量＋客		√ 我去他家**做过**几次**客**，他妈妈做的饭菜可好吃了。
做＋的＋客	○	√ 我们是昨天去他家**做的客**。
做＋做＋客	○	√ 有空多到亲戚朋友家**做做客**，别老呆在家里。

Z022 做主

zuò // zhǔ 对某件事有决定权（call the shots）：我自己的事情自己~，你别管我了。

离析形式	所占比例	例句
做＋补＋主 做得了/不了主	★★★	◇ 这件事我**做不了主**，我得问问我父母。 ◇ 出国的事情我一个人**做不了主**，要和家人、朋友商量后再决定。 ◇ 这么大的项目我们**做不了主**，还是等老板回来再说吧。 ◇ 什么事情你**做得了主**？不都是听你父母的？
做得/不得主		◇ 这个家**做得主做不得主**要看谁挣的钱多！

离析形式	所占比例	例 句
做+了+主	☆	◇ 老妈替我做了主,把婚给定了下来。
做+的+主	☆	◇ 这次投资并不是我太太做的主,完全是我个人的决定。
做+量+主 做个主	☆	◇ 孩子父母已经去世了,您德高望重,就替她做个主吧。
做+代+主	☆	◇ 你是谁?你能做他的主吗?
做+过+主	○	√ 在钱这方面,李强从来没做过主,都是妻子说了算。
做+做+主	○	√ 我老公又打我了,这次你们可得给我做做主。
主…做…	○	√ 在公司,他虽然职位很高,但是却一点儿主也做不了。

Z023 走道儿

zǒu//dàor 走路(walk):~的时候一定要小心!

离析形式	所占比例	例 句
走+补+道儿 走起道儿来	★★★	◇ 胖姑娘走起道儿来,地板都咚咚地响。
走得动/不动道儿		◇ 逛街都逛了四五个小时了,你还走得动道儿呀? ◇ 小峰已经醉得走不动道儿了,两个朋友只好扶他回家。
走+数量+道儿 走一步道儿	★	◇ 走一步道儿,回头看一眼。
走+数+天+道儿		◇ 走一天的道儿了,都快累死了。

离析形式	所占比例	例　句
走＋了＋(…)＋道儿 走＋了＋数量＋道	★	◇ 老王往前**走了两步道儿**，回头说到："你要多注意身体啊！"
走＋代＋道儿	★	◇ 他**走**他的**道儿**，关你什么事了？